W0343427

PREFAZIONE
DI COSTANZA MIRIANO

Serena Di è più colta simpatica e intelligente di me e di dieci me stessa messe insieme, non solo grazie al fatto che il mio apporto culturale è bassissimo, ma soprattutto al fatto che lei è veramente una fuoriclasse, e sulle donne, sugli uomini, sulla maternità, sul mondo della cosiddetta industria cosiddetta culturale scrive finalmente parole nuove, niente di quella pappetta che ci propinano a getto continuo dal giornale unico mondiale.

Ho divorato il suo diario con le guance sempre più rosse dall'emozione, le orecchie calde, e un solo impellente, stringente desiderio: io la devo conoscere. Urgentemente. Devo diventare sua amica. Questa è una donna veramente intelligente – mi dicevo leggendo – e per questo ha deciso di dire sì a Dio. Perché si sa che "i cattolici lo fanno meglio", e lei lo ha capito, infatti ha il fosforo che le esce fin dai pori della pelle.

Finalmente una cattolica non sfigata, una che ha frequentato i giri giusti, che ha visto gente e fatto cose, e proprio perché ha visto molto, e ha sperimentato che non le bastava, ha capito la convenienza di credere a Cristo. Spesso noi cattolici siamo un po' complessati nei confronti del mondo, rischiano di sembrarci tutti più avanti di noi, e invece qui c'è finalmente qualcuno che ristabilisce le proporzioni.

È un romanzo di formazione appassionante, che ti risucchia dall'inizio alla fine; non so quanto potrà diventare anche un romanzo generazionale, spero proprio di sì, perché Jack Frusciante scansate proprio. Spero che qualche radical chic lo legga magari con l'obiettivo di odiarne l'autrice, e accidentalmente si trovi avvinto nella ragnatela d'amore che aspetta paziente ciascuno di noi.

È anche un saggio di critica arguta, colta, tra l'esilarante e il depri-

mente, all'industria culturale italiana – e non solo, mirabili le pagine su Tom Wolfe –, dove a me è sembrato di riconoscere più di un volto (ma probabilmente sono tipi umani che incontri a qualsiasi vernissage con buffet).
È una minuziosa diagnosi della malattia – un'ideologia cieca ed esasperata – che affligge moltissimi insegnanti della scuola italiana.
È una storia familiare. È una storia di amici persi e fidanzati scaricati.
È un concentrato di intuizioni fulminanti sulla questione femminile e sulla ancora più importante questione centrale, la ritenzione idrica.
È scritto benissimo, davvero, sono fraternamente invidiosa di tanta maestria.
È soprattutto una storia di un meraviglioso incontro con Dio, che ti viene da fare la ola quando leggi, di quelli che aspetti dalla prima pagina come il primo bacio tra i due protagonisti che avevi capito subito come sarebbe finita, ma non si decidevano mai.

Ai miei genitori, che mi hanno dato la vita.
A mia sorella, che l'ha condivisa con me.
A mio marito, che me l'ha fatta riscoprire.
A mia figlia, che me l'ha fatta amare.
A Dio, che è vita.

1.
SERENA DI
(CHE NON SI NASCONDE DIETRO UN DI)

Messaggio per tranquillizzare chi tra di voi non è un mio parente obbligato a comprare il libro: non sono la cugina di Melissa P. né una trapper, e nemmeno Lady Whistledown di Bridgerton. Ho un nome un po' misterioso, ma vi assicuro che non ho nulla da nascondere: sono un'onesta cittadina, pago le tasse e non differenzio il cartone sporco della pizza nella carta. E con questo sono finiti i miei pregi.
Tra i difetti c'è che ho scritto questo libro, e l'ho scritto mentre mia figlia muoveva i primi passi e pativa la prima febbre e scopriva la mia password colpendo a casaccio la tastiera del Mac, e mia madre non poteva aiutarmi perché c'erano le zone rosse e io mi trovavo un po' fuori mano (appena qualche migliaio di chilometri). L'ho scritto quando ero in cerca del lievito che non si trovava, e discutevo con mio marito perché io volevo fare il risotto al radicchio e lui mi portava a casa il cavolo rosso. L'ho scritto mentre ho smesso di salire sulla bilancia per i troppi lieviti accumulati.
Insomma cose normali, banali, che non si addicono affatto a quella che dovrebbe essere una scrittrice. Le scrittrici di solito sono personcine serie e solitarie, con il cognome lungo, che parlano di quanto sia faticoso vivere e più che una taglia 44 portano una meno 44.
E perciò, perdindirindina, com'è capitato che io, moglie e madre dai fianchi larghi, scrivessi un libro che non parla neanche di cucina?
È successo che stavo parlando con questa adorabile coppietta, dal nome d'arte impronunciabile "Mienmiuaif", due spilungoni simpatici che riescono a essere belli anche su Zoom e senza che me lo chiedessero gli ho raccontato tutta la mia vita (sapete com'è questa loquacità da pandemia) aggiungendo che se si fosse trattato di un film, il titolo sarebbe stato *Confessioni di una Radical Chic pentita* e loro mi hanno

suggerito di scriverci un libro, invece di girarne un film, e io: «Ehi, ok». In realtà la conversazione è stata meno delirante e più forbita di così, vi garantisco che il nostro è un vocabolario ricco che vale tutti i soldi che avete speso per quest'opera che sarà presto in corsa per il Pulitzer (se dalle parti di Prada avanza una 44, avete trovato la vostra testimonial, ragazzi).

Ma di cosa parla questo libro? Avrete capito che abbiamo a che fare con i "Radical Chic", questa nebulosa etichetta i cui portatori sani hanno svolto l'ingrato ruolo di materiale narrativo per il mio tomo (sto esaurendo i sinonimi).

E chi sono i Radical Chic, oggi? I Radical Chic sono quelli che vogliono essere divertenti alle feste, quelli che per offendere usano l'aggettivo "medievale" a sproposito, quelli che si lamentano degli analfabeti digitali, quelli del cinismo della ragione, quelli che si schierano sempre dalla parte dell'ultimo che ha parlato, soprattutto se ha più follower, quelli che rifiutano i dogmatismi eppure ne sono ingabbiati.

Però attenzione, questo libro non è un pamphlet (ma quanto è difficile classificare i libri e le persone?): un Radical Chic lo conosciamo tutti e, forse, come me, lo siete stati anche voi, e non è bello né facile portarsi dietro questa corazza rugginosa che cerca a tutti i costi di non farci apparire vulnerabili e ridicoli agli occhi degli altri. Per questo, a un certo punto della mia vita, ho cercato di disfarmene, per fare spazio alla ragione del cuore e della fede.

È stato semplice? No. Avere fede ha reso la mia vita meno faticosa? No, anzi, probabilmente me l'ha complicata, ma, improvvisamente, è diventata più leggera, anche se non priva di affanni, e ho iniziato a esplorare la vita con nuovi occhi attraverso cui oggi guardo con compassione e rispetto quel bellissimo e fragile ammasso di carne e lacrime che siamo noi poveri esseri umani.

A questo punto vi starete chiedendo ancora, di cosa parla questo libro?

Dato che non ho ancora venduto i diritti cinematografici di *Confessioni*

di una Radical Chic pentita, ve lo racconto già in versione film, con protagonista, ovviamente, come impone la moda cinematografica degli ultimi tempi, Pierfrancesco Favino.
Dopo estenuanti sessioni di trucco e una parrucca bionda ecco il nostro Favino pronto a calarsi nei panni della Serena Di di tanto, tanto, tempo fa (per intenderci Fabrizio Corona era ancora incensurato e i selfie si chiamavano "autoscatti").
Ero una confusa, agitata, stressata e irrequieta ventenne che attraversava le strade del reame nella sua Smart, senza per altro mai trovare parcheggio perché, quando pensavo di averlo trovato, c'era un'altra Smart.
Non avevo mai tempo, né per la famiglia, né per l'amore, né per me, figuriamoci per Dio, indaffarata com'ero a correre dietro a precari lavori Radical Chic. Lavori dove il tuo capo ha dodici anni e un'epidermide più incisa della Stele di Rosetta solo che, al posto dei geroglifici, c'era il listino dei gelati Motta. Nostalgia di epoche mai vissute?
Mi affannavo tra redazioni, studi televisivi, open space dove l'oroscopo di Rob Brezsny e la Red Bull sugarfree erano l'unico credo. Mi struggevo nei loft con pavimenti in resina lungo i quali sfilavano scarpe Balenciaga sotto i poster di Mao firmati Andy Warhol e, all'ingresso, erano impilati i cataloghi di Marina Abramović.
Dato che i capi di dodici anni con il tatuaggio del Maxibon non sono per nulla bon, e si commuovono solo per il finale de *Il trono di Spade* e per la reunion delle Spice Girls, io ovviamente non coltivavo una vita privata, ma consumavo velocemente la mia pausa pranzo alla scrivania, attentissima a non sporcare con le briciole il megasuperfighissimogialloacido pavimento in resina appena presentato al Salone del Mobile.
La leggenda vuole che, durante le riprese di questo film, Favino andasse a dormire ancora truccato e, in effetti, anche io facevo lo stesso per non perdere tempo, dato che finivo sempre di lavorare quando era già ora di svegliarsi (sì, anche per il mio make up ci volevano cinque ore).

Visto che i lavori Radical Chic ti chiedono la vita, ma a stento ti pagano i contributi e non prevedono mai il parcheggio dipendenti, tra un divieto di sosta e una ZTL, i miei vent'anni e miei soldi sono finiti in un lampo.
Un film horror, vero? E invece fortunatamente per me a questo punto è scattato quello che in gergo si definisce «un turning point da paura» che, se in un film è previsto al trentesimo minuto, per me è scoccato al trentesimo anno d'età. Come in ogni film con Favino che si rispetti, durante il quarto apericena di un venerdì della Design Week, è arrivato un principe.
Veramente non era un principe, era un impiegato e non aveva un cavallo ma una Toyota, ma questo lo avrei scoperto dopo. Quella sera dovevo necessariamente presenziare a un altro rumorosissimo evento e, mentre altri Radical Chic come me si stracciavano le vesti commossi per l'assordante performance dell'Uomo Struzzo, un tizio piumato che urlava dimenandosi sul pavimento, io mi defilavo in cerca di riparo. È stato in quell'angoletto remoto e silenzioso del locale che ho udito una voce: «Posso offrirti una rosa?».
No, non avevo assunto sostanze, davanti a me c'era davvero questo ragazzo sorridente che mi porgeva una rosa bianca, uno sconosciuto mediamente alto e bruno. Al polso non indossava un bracciale di Gucci, ma una decina del rosario.
Non avrei potuto immaginare una persona più lontana da me. Dio era da tempo in stand-by nella mia vita, ed erano circa vent'anni che l'unico confessionale che conoscevo era quello del *Grande Fratello*. Però, quella sera di aprile, qualcosa è cambiato e, se prima sarei corsa via ridendo del fanatico religioso (sì, indossare un simbolo di fede era per me fanatismo), ho scelto invece di accettare la rosa e iniziare a parlare con lui.
Ho scoperto che stava intraprendendo un cammino di fede, un cammino attraverso il quale nei mesi successivi, non senza difficoltà, ho deciso di accompagnarlo, riscoprendo la bellezza dei confessionali e dei simboli di fede.

Il principe-impiegato-lontano-da-me, lo sconosciuto mediamente alto e bruno, oggi è mio marito e, a questo punto, qualcuna di voi mie care amiche trentenni che la sapete lunga si chiederà incredula: «Hai trovato marito a Milano?».
Sì, l'ho trovato ed era lontano da me in tutti i sensi perché d'importazione… un americano che mi ha convinto a rottamare la Smart e a seguirlo dalle sue parti.
Manteniamo la calma e la fede!

A quante di voi pensassero deluse che per trovare l'amore ci sia bisogno di espatriare, voglio suggerire che, mentre si cerca, bisogna spegnere prima il rumore, un po' come Elia che ha sentito Dio non nel vento, né nel terremoto, né nel fuoco, ma in una brezza leggera, la stessa che mi ha portata qui negli Stati Uniti. Il Signore era in un filo di silenzio sonoro che ha spento il caos che mi circondava. E questo Signore non era quella roba molliccia, noiosa e morta di cui troppi parlano, né una ricetta per calmare gli stressati, ma amore, adrenalina pura, voglia di affacciarsi alla vita nonostante le sue brutture.
Questa storia, la mia storia, non è una favoletta sdolcinata dove tutti vivono felici e contenti per sempre, non è una storia priva di croci, né piena di certezze se non quella che tutte le vite, anche le vite di quelli che non ci piacciono, sono qui per arricchire la nostra, e il minimo che noi tutti, esserini che abitiamo il pianeta Terra, di qualsiasi religione, credenti o meno, possiamo fare, è imparare ad amare e non prenderci troppo sul serio.
Buona lettura!

P.S.: E, a proposito di non prenderci troppo sul serio, per ovvie ragioni di privacy, nomi, cose, città, animali, targhe e numeri di telefono sono stati modificati, insieme ad alcuni riferimenti temporali. Se, nonostante tutto doveste riconoscervi, cari i miei Radical Chic, non ve la prendete e, se proprio ci rimanete male, come diceva un grande scrittore più bravo di me: «Credete che non s'è fatto apposta».

2.
I NUOVI RADICAL CHIC: ORIGINI – USI – COSTUMI

Iniziamo con il dire che non ci sono più i Radical Chic di una volta.
Lo so perché – come l'intraprendente zoologa Diane Fossey, o se preferite Sigourney Weaver nel ruolo di Diane Fossey in *Gorilla nella nebbia* (immagino che tutti abbiano visto *Gorilla nella nebbia*) – per quindici anni ho analizzato questi affascinanti e camaleontici primati. Abbiamo coabitato, procacciato gli stessi uramaki California, bacche di Goji, radici di zenzero, ci siamo sfiorati e abbiamo interagito, a volte con successo, altre a fatica.
Radical Chic, Rivoluzionari da Salotto, Sinistra al Caviale, Neo Pasionari, Limousine Liberal, Comunisti col Rolex, qualsiasi sottogruppo graviti intorno a questo complesso ma sostanzialmente basico microcosmo, io l'ho studiato fin nei più minimi dettagli in oltre venti campi base differenti.
Ho cercato di imitarne l'abbigliamento, l'alimentazione, gli obiettivi professionali, ne ho osservato la socialità, i rituali di accoppiamento, le manie, perché, da povera scellerata, lo confesso, desideravo anch'io essere un gorilla di montagna.
Ne avevo fatta la mia missione primaria, lo scopo per cui stare al mondo.
Ma, osservazione dopo osservazione, ho sentito che qualcosa non quadrava, cresceva in me, mese dopo mese, anno dopo anno, un insolito malessere, che mi faceva opporre a una completa integrazione nel clan.

Inizialmente ho cercato di sopprimere le mie riserve sull'ambiente che abitavo e che avevo sempre sentito mio ma, quando ho capito

che quella fitta alla bocca dello stomaco si espandeva al lato sinistro del torace, poi alla gola, alle ginocchia, alle caviglie ed era penetrata fin nella punta delle dita, era ormai tempo di cercare una cura. Anche sulla cura, però, bisognava fare attenzione: è pieno di finti medici, là fuori, che pretendono di curarti l'anima con le candele aromatiche della Panda – ho sperimentato persino quello – e ci si arriva a seguito della seguente frase pronunciata da tale congiunto: «Conosco uno/una bravissimo/a, ti passo il numero».
Solo con la giusta cura, quindi non una cura ma La Cura (da non confondersi con la canzone di Battiato: La Cura è Dio e, ogni tanto, va anche bene nominarlo), sono giunta alla consapevolezza che la fitta, ormai voragine, nulla aveva a che fare con i colleghi, i capi, il lavoro, lo stress, gli amici, i fidanzati scemi, l'inflazione, la famiglia che non ti capisce, il buco nell'ozono, i pori dilatati, il governo, il mondo, ma solo con me stessa e con un subdolo, spicciolo nichilismo da Bignami che invadeva prepotentemente ogni aspetto della mia vita e che si era da tempo impadronito dei miei ideali, dei miei sogni e delle mie aspirazioni, privandomi financhе del più elementare istinto di autoconservazione. Ero dominata dalle mie passioni, sopraffatta dalle ossessioni, tormentata dalle omissioni.
All'esterno sembravo godere di ottima salute, respiravo l'aria pura degli spensierati, straordinari, bellissimi gorilla di montagna, quando ho compreso che quella che poteva anche essere una ricerca acuta, lodevole, divertente, era una ricerca completamente volta nella direzione sbagliata.
L'aria pura era puro fumo. Stremata, esausta e in punto di morte spirituale ho realizzato di essere un semplice, umile, povero, ma non privo di dignità, essere umano, peraltro donna del Sud e, per natura, incompatibile con la montagna, al massimo con i monti Lattari in primavera.
Come ogni zoologa che si rispetti, dal risultato dei dati esaminati ho saputo trarre le mie conclusioni, fuggendo dal campo base un attimo prima di fare la fine della povera Fossey.

Quella è stata la mia prima, vera, scelta radicale.
Ma chi sono davvero i Radical Chic, oggi? Da dove vengono? Dove vanno? Cosa vogliono? Come si riproducono? Da cosa è composto il loro habitat?
Prima di far partire la sigla di *Superquark* e addentrarci in questo affascinante universo antropologico fatto di "calicetti e schiscette gourmet", di week end low cost a Santa, Curma, Ventotene, Filicudi, Berlino (Capalbio è fuori moda da un pezzo), è bene fare un ripasso, partendo magari proprio dalla Bibbia dei Radical Chic contemporanei (dopo il catalogo Seletti): Wikipedia.
Partiamo dalla definizione:
Radical Chic: persone che per seguire la moda, per esibizionismo, o per inconfessati interessi personali ostentano idee e tendenze politiche affini alla sinistra radicale e completamente opposti al loro ceto di appartenenza. Per estensione, la definizione di radical chic comprende anche uno stile di vita e un modo di vestirsi e comportarsi. Un atteggiamento frequente è l'ostentato disprezzo del denaro, o il non volersene occupare in prima persona quasi fosse tabù quando in realtà si sfoggia uno stile di vita che indica un'abbondante disponibilità finanziaria o improntato al procacciamento dello stesso con attività che, qualora osservate in altri, un radical chic non esiterebbe a definire in modo sprezzante come volgarmente lucrative. Inoltre questo atteggiamento sovente si identifica con una certa convinzione di superiorità culturale, nonché con l'ostinata esibizione di questa cultura "elevata", o la curata trasandatezza nel vestire e, talora, con la ricercatezza nell'ambito di scelte gastronomiche e turistiche; considerando, insomma, come segno distintivo l'imitazione superficiale di atteggiamenti che erano propri di certi artisti controcorrente e che, ridotti a mera apparenza, perdono qualsiasi sostanza denotando l'etichetta snobistica.
La puntuale definizione di Wikipedia è solo parzialmente attuale, poiché si riferisce al concetto originale e originario di Radical Chic, termine coniato da Tom Wolfe in un articolo del New York Maga-

zine datato giugno 1970.
L'arguto Wolfe si cimentò nell'impareggiata cronaca di una festa tenutasi in un lussuoso attico di Manhattan. I proprietari di casa, il celebre compositore Leonard Bernstein e sua moglie, l'attrice cilena Felicia Montealegre, avevano organizzato un party riservato ad artisti e celebrità, con lo scopo di raccogliere fondi a sostegno del gruppo rivoluzionario marxista-leninista Pantere Nere.
La serata venne descritta come un alternarsi di proclami barricadieri rivolti a una classe sociale estremamente privilegiata, divertita dalla novità, ma impegnata, più che a fare la rivoluzione, nella degustazione di tartine al caviale e calici di champagne serviti rigorosamente da camerieri bianchi.
Oggi siamo lontani dai guizzi dell'élite di Wolfe, gli esemplari di quella specie sono quasi tutti estinti, e a prenderne il posto ci sono i loro ibridi, schiere di spregiudicati nipotini e nipotine pronti a immolarsi all'altare del *product placement*.
Hanno annacquato lo champagne e sostituito il caviale con l'avocado, non sono più ricchi, non sono più colti, non sventolano più bandiere politiche (a eccezione della foto profilo) e, più che l'attico a Park Avenue, hanno un sottoscala in subaffitto al Pigneto.
Meno glamour dei nonni, privi dell'*allure* da pellicola di celluloide, ma non per questo inoffensivi. Cosa succede, infatti, quando si cerca di far risorgere dalle ceneri una specie ormai estinta? Beh, sicuramente nulla di buono. Ricordate i piccoli Tim e Lex di *Jurassic Park*? Il nipotino e la nipotina di John Hammond, simpatico ed eccentrico milionario che, non volendosi rassegnare a una serena vecchiaia giocando a bocce o fissando i cantieri, ha l'adorabile idea di costruire un parco divertimenti con i dinosauri. Tim e Lex rimangono ammaliati dall'opulenza e dalla grandiosità degli edifici, dei laboratori, della tecnologia e dalla bellezza degli esemplari visti nel parco, ma qualcosa va inevitabilmente storto e i dinosauri escono dalle gabbie che davano l'illusione di domarli, rivelando il loro vero, naturale e feroce istinto.

Questo è un po' quello che è successo negli Stati Uniti all'inizio degli anni Duemila nell'isola di Manhattan. In seguito allo straordinario ritrovamento di un antico calice in cristallo Baccarat usato per i convivi e battuto all'asta da Sotheby's, un gruppo di pubblicitari se n'è impossessato, ha estratto il DNA dei dinosauri di Park Avenue e l'ha incrociato con il DNA di un rospo hipster... *et voilà* il DNA di un Radical Raptor!

Chi sono i Radical Raptor? Semplicemente i nuovi Radical Chic. Al contrario dei dinosauri di Park Avenue, si sono saputi adattare mollemente ai cambiamenti, sopravvivendo alle crisi economiche e alla scomparsa delle boy band. Ma, anche in questo caso, qualcosa è andato storto e, da prodotto di subcultura che serviva per rilanciare la moda delle All Stars e delle camicie di flanella, i Radical Raptor sono usciti dai loro sobborghi *upcoming* e, con in mano boccali di vetro riciclato ricolmi di birra artigianale, si sono fatti strada invadendo anche la penisola italica.
Come i mefistofelici Velociraptor che inseguivano i poveri piccoli Tim e Lex nelle cucine del *Jurassic Park*, si muovono in branchi e hanno imparato ad aprire le porte. Ma che dico porte? Nonostante la loro estrazione, sono arrivati ad aprire ampi e signorili portoni.
Potete trovare i Radical Raptor in qualsiasi ambiente, soprattutto in quelli della comunicazione e dello spettacolo, il limpido (si fa per dire) delta del Gange dove scovano abbondante vegan-plancton di cui cibarsi con ingordigia. Infine, satolli, si spiaggiano a turno nei vari uffici stampa, redazioni, emittenti televisive e radiofoniche, case editrici, agenzie pubblicitarie, prolificandovi a macchia di leopardo.
Qui il loro lavoro consiste nel farsi i complimenti a vicenda, e nel copiarsi, altrettanto a vicenda, articoli, format, linee guida e mission aziendali, già plagiati a loro volta da siti e canali americani (vuoi mai che quei cafoni mangia hot dog si mettano a controllare? E non si dice copiare, si dice rielaborare con stile!)

A chi mi chiede sconcertato: ma hanno almeno la puzza sotto il naso? Certo, ce l'hanno ancora, ma *pecunia non olet* e, dato che la *pecunia* nel mondo radical equivale a pubblicità, abbassano continuamente l'età del loro target di riferimento, equiparando il gender e allargando il raggio d'azione che va ora dai 24 mesi, ovvero da quando i pollici opponibili sono in grado di maneggiare i tablet, fino all'adolescenza che, come sappiamo oggigiorno, si protrae fino ai 130 anni. Grazie allo yoga, infatti, i Radical Chic ora sono in grado di sconfiggere la morte e di vivere in un perenne loop di prepubertà.
Con la prodigiosa longevità dei membri anziani e il costante reclutamento di nuovi adepti, il risultato è l'invasione di quello che potremmo definire il "magma-radical-chic-pensiero", un bombardamento ininterrotto e aggressivo di informazione accuratamente filtrata e totalmente scollata dalla realtà, rivolta praticamente a chiunque, dove vengono annientati e umiliati "*pè provocà!*" i più umani e compassionevoli punti di riferimento.
Mitragliate di titoli *clickbait*, slogan accattivanti, grafiche sgargianti, disturbanti, raccapriccianti. Orge di post, meme, viral video, tweet, breaking news, fake news, reality, docureality, controreality che, come il supplizio dell'acqua, annegano le menti e il cuore degli adepti, ogni anno sempre più giovani.

Chi sono gli adepti?
Di rado provengono dalla città, più spesso sono le piccole province a fornire il tributo di cinture Gucci e septum (anello al naso di serie) che lubrifica gli ingranaggi della mastodontica catena di montaggio Radical, che strappa i figli dalle braccia delle madri urlanti che mai più rivedranno i loro amati pargoli cresciuti a pane e radical propaganda.
Gli adepti sono, in principio, dinoccolati fanciulli di campagna/montagna/collina/periferia, non hanno completato gli studi e trascorrono almeno 160 ore al giorno tra social e selfie, barcamenan-

dosi in cerca della *ring light* che piallerà la loro epidermide e soprattutto quelle due strane e antiestetiche fessure che chissà perché si ritrovano in mezzo alla faccia (a che serviranno mai i nasi?).
Avere narici importanti va, invece, benissimo nei periodi di *body positive*, quando gli adepti, sempre sul pezzo, cercano di accentuare con il make up ogni più piccolo difetto, per stare al passo con i trend topic di Twitter. Per la cronaca, la stagione della *body positive* si apre ogni anno da giugno a settembre, quando la pubblicità scarseggia e le celebrity soffrono il calo di popolarità.
Gli adepti sono le vittime perfette, ingenui come i piccoli Tim e Lex, la loro sfrenata ambizione e i loro sogni di gloria falsati da anni di Pay tv, social, talent show e riviste patinate li hanno resi completamente inermi alle lusinghe dei Radical Raptor, che promettono di fare di loro gli artefici del "cambiamento" e soprattutto di tramutarli, maschi o femmine che siano, in bionde, magre, intonate, fashion blogger. A questo si è ridotta l'intellighenzia nostrana.
I fanciulli, con la disillusa resilienza delle groupie, attendono e agognano l'impossibile, ovvero un contratto di lavoro di alto profilo senza avere alcuna qualifica e la quarta venuta degli Emo.
Incredibilmente lo ottengono! (Almeno il primo, per gli Emo si stanno ancora perfezionando i test sui nuovi make up da lanciare).
Come ci riescono? Per farsi notare iniziano a scrivere compulsivamente alla posta del cuore di ogni tipo di redazione Radical, ringraziandola per «aver saputo incarnare e rappresentare la rabbia e il disagio giovanile», così hanno letto nei cioccolatini. All'8centesima mail (ve l'ho detto che sono resilienti) se non si beccano una diffida per stalking, se hanno un viso "giusto" e un congruo numero di follower, inizierà tra loro e i Radical Raptor, un'appassionata corrispondenza virtuale a suon di like, repost, tag e tanti, tantissimi cuoricini, finché sarà chiesta loro una prova di fedeltà.
La vera occasione arriva quindi con una "*challenge*", ma non del tipo "tagga 10 amici per vincere l'Arbre Magique al cedro", eh no! La sfida deve dimostrare che sei degno di varcare i sacri cancelli

della metropoli: viene chiesta, perciò, una prova di puro esibizionismo provocatorio, pilastro della religione Radical che, però, la chiama performance d'arte contemporanea. «Vai a casa e riprenditi mentre dai fuoco a tutti i centrini e le ceramiche di Capodimonte!». Il risultato è un video virale sponsorizzato naturalmente da un brand di arredamento di design con tanto di slogan d'effetto, filtro gattini, tre milioni di visualizzazioni, due giorni di lavori per i pompieri, un caffè gentilmente offerto dalla produzione e ricovero immediato per i poveri genitori.

Sfida dopo sfida, gli adepti si conquistano un prestigioso invito all'*headquarter* che raggiungeranno in una settimana di viaggio in sella alle loro fedeli mini car customizzate.

Finalmente ricevuti nel sacro tempio, gli viene fatto fare un giro di benvenuto nelle ieratiche stanze dove ogni giorno avviene la magia. Inebriati da una tisana depurativa, pregustano già un folgorante avvenire pieno di onori e gloria.

Gli adepti, in quel momento, non sono ancora dei Velociraptor, piuttosto il piccolo brontosauro Piedino che si chiede: «E se la valle incantata fosse dietro quelle rocce?», ma dietro quelle rocce (più probabilmente dei pannelli rotanti per il set di uno shooting) al posto della valle incantata c'è la terra di Mordor.

Accecati dalle luci della vanagloria s'inginocchiano istintivamente ai piedi di un riflettore e qui, storditi da un cocktail di energy drink e madidi della condensa di una Hazer (macchina da fumo), vengono investiti in massa del titolo di stagista in prova.

Al loro risveglio ricordano solo una vaga litania carioca e un senso di fame mai provato prima, disorientati rantolano lungo la tappezzeria tropical dell'immenso e labirintico Tribunale rivoluzionario in cerca di un lauto pasto *low carb*, ignorando di essere la portata principale del banchetto della Pallacorda.

Gli ormai neo-radical si saziano però a buon mercato, d'altronde non serve loro né volgare denaro, né cibo quando basta conceder-

gli un accredito per qualche noiosissimo e rumorosissimo evento/concerto/simposio esclusivo con una raccolta fondi finalizzata al nobile scopo di ritinteggiare le pareti del *boudoir* di Robespierre... ehm, del Gran Maestro radical.
Dopo il selfie del primo brainstorming di gruppo, postato rigorosamente sui social con tanto di virgolettati come «*I'm in!*» o «*Work in progress*», i neo-radical vengono sistematicamente prima denudati dei valori tramandati loro dalle nonne (sigh), poi ridotti in schiavitù davanti a un vecchio Pentium III e reclusi in un umido sottoscala abusivo e mai condonato.
Qui, ormai abbrutiti e afflitti dalla ricrescita, sono spietatamente spolpati dell'ultimo barlume di pensiero autonomo e divergente, vendono la loro essenza e coscienza, capelli compresi, e firmano un contratto dove si consacrano in *perpetuum* a un trito conformismo.

Ed è così che i Radical Chic si rigenerano, si riproducono e scovano le ossute braccia di chi dovrà pagare loro la pensione.
Passano le settimane, i mesi, le ere geologiche e, al primo ponte festivo concesso agli stagisti apprendisti per un ritorno a casa (evento che avviene ogni eclisse solare, ma solo se Giove e Venere si sono allineati in un anno bisestile e l'aurora boreale è visibile da Milano), mamma e papà al posto del piccolo Checco si ritrovano François, sguardo emaciato da Terminator, dolcevita anche in spiaggia ad agosto e una quantità di gel nei capelli pari al PIL della Germania. E che dire dell'adorabile Nunziatina chiamata oggi da tutti La Loca?
Il processo è ormai irreversibile, spauriti per il contatto con l'esterno dopo la lunga prigionia, soffrono della sindrome del passerotto cresciuto in gabbia e incapace ormai di volare e apprezzare la libertà. La vicinanza con la famiglia di origine crea, perciò, straniamento, trascorrendo i radical circa quattro quarti della loro giornata in ufficio non sembrano più trovare punti di contatto con esseri umani che non rispondono ai canoni che loro stessi si impegnano a det-

tare al mondo. «Perché mio nonno non è Bob Dylan? Perché mia madre non è la protagonista di un'opera di Tennessee Williams? Perché stiamo pranzando in un anonimo appartamento di periferia e non nel Palazzo d'Inverno? Per quale razza di motivo questo assurdo inquietante ambiente machista e retrogrado non comprende il mio genio?».

Un tempo così sicuri e spavaldi, ormai Radical Chic di fatto, sono immersi in una vita parallela che non trova riscontri nella realtà, iniziano ad accusare i segni del tempo e dei lavori forzati e ben presto emergono prepotenti quelle insopportabili sensazioni d'ansia, inadeguatezza, insicurezza, competizione che permeeranno le loro vite.

Nei giovani esemplari si palesano i primi segnali di mitomania, le cui avvisaglie si manifestano quasi sempre durante le pause pranzo negli open space, residui di uno spazio industriale, loro habitat naturale.

Tra un poke di avocado, un'insalata di avocado e una macedonia di avocado, anche se sono nati nel 2000 e cresciuti nella baita di Heidi, fanno a gara a descrivere la loro infanzia cosmopolita nei mari del sud, le loro avventure nei peggiori bar di Caracas e le loro partite a burraco con Zelda Fitzgerald.

Privati anche del nome e delle proprie radici, i tapini sono afflitti da comprensibili crisi di identità e si trascinano arruffati, inermi e prevedibili attraverso domeniche fatte di centrifugati allo zenzero, sigarette elettroniche e Kundalini Yoga, l'elisir che promette di rendere tutti bellissimi, purissimi, sanissimi e immortali.

Eppure, se si è così belli, puri, sani e immortali, perché si è così disperatamente infelici?

3.
PERCHÉ BISOGNA VOLER BENE AI RADICAL CHIC

Le prime vittime dei Radical Chic sono i Radical Chic e anche i Radical Chic piangono.
Non piangono solo commossi a favore di telecamera e in diretta social, in occasione dell'uscita del loro film, libro, programma radiofonico, pièce teatrale o per promuovere la loro ultima mostra, collezione o la raccolta fondi a se stessi.
Non piangono solo per l'ultima puntata di RuPaul's Drag Race (conosciuto in Italia più come America's Next Drag Queen), quando hanno lo *shadow ban* su Instagram, per il fallimento della loro ultima open relationship, o quando dimenticano la Versace bianca nel cesto dei colorati (ops!).
Piangono spesso in segreto nel bagno più remoto dell'ufficio, in auto, dopo la conference call, nella sala d'aspetto della seduta di Reiki, sotto i salici del cortile, alla fermata del tram perso per un minuto, piangono seduti sulle valigie nelle stazioni, nellc attese dei colleghi al sushi all you can eat, sotto la doccia e chattando sotto la pioggia.
E si chiedono perché.
Eh già, perché? Questa domanda io me la facevo continuamente. Perché piango?
Una volta me lo sono trovato scritto persino sull'involucro dell'assorbente: «Perché stai piangendo? Non lo sai neanche tu! Ma ammettilo: questo è divertente!».
No, non è divertente! Non era divertente per niente, ok va bene ora so che i cattolici soffrono e accettano la sofferenza, ma almeno sanno perché. Io brancolavo nel buio pur essendo circondata da ampie vetrate a specchio e piangevo continuamente senza motivo, e non solo nei giorni del ciclo come dicevano gli assorbenti. Gli assorbenti

mentivano.
Guardandomi intorno, dietro le scrivanie, dietro i computer, dietro i selfie photoshoppati degli altri, dietro tutte quelle apparenti vite da copertina da cui ero circondata, scorgevo sempre più insoddisfazione, frustrazione e noia. Non ce lo dicevamo, ma piangevamo tutti.
Da quando poi era di moda parlare di salute mentale, le confidenze su pillole e metodi per sconfiggere la sofferenza (in gergo «*radical stress*») si sprecavano.
Alcuni dei miei coetanei cambiavano il dosaggio dello Xanax con più frequenza dei filtri sull'iPhone, altri assicuravano di cavarsela bene anche con l'analista dello studio in centro, da cui andavano in massa ritrovandosi puntualmente a fare anticamera insieme.
Altri ancora decantavano i miracoli dell'EMDR, altri, i puristi, rimanevano fedeli ai fiori di Bach, ai life coach e alle chiromanti di Brera, pregando (non si sa bene chi) che la carta de La Morte svelasse loro quale fosse il prossimo radicale cambiamento da mettere in atto nelle loro vite.
A un certo punto, però, mollavano sempre tutto, e mollavo anch'io qualsiasi tentativo di imitarli a mia volta. Chissà come mai alla fine, ammettevamo, sembrava non valesse veramente la pena tentare di essere felici per davvero, la felicità era sopravvalutata, toccava tenersi lo stress e il senso di vuoto.
Le nostre Moleskine, prima fitte di impegni e appuntamenti presi per cercare di migliorare la nostra condizione, diventavano appendici logore, accatastate, insieme ad altre mille cianfrusaglie, sulle scrivanie condivise.
Il lavoro ci risucchiava, si ingoiava il tempo, la famiglia, i progetti, la coscienza.
Quando manca la componente spirituale, la vita si riduce a poche cose: mangiare, bere, fumare, depurarsi, accoppiarsi, lasciarsi, tatuarsi, comprare scarpe, riaccoppiarsi, allenarsi, viaggiare, farsi i capelli blu, pensare di acquistare un Labrador, tornare in appartamento, avvertire il vuoto, guardare film su Netflix, ricominciare

daccapo.
Dopo questo a me rimanevano solo brandelli di giornata nei quali ingurgitavo video di gattini su YouTube e riordinavo casa secondo i dettami di Marie Kondo, la messia dei millennials.
Non avevo più calzini spaiati, certo, arrotolare la biancheria intima era sicuramente un metodo ingegnoso, d'accordo, ma la mia vita non era meno stressante e neanche dormire su di un futon era poi tanto comodo.
Circondata da spirali di bambù, che avevo letto essere antismog (sì, era tutta colpa dello smog), mi sforzavo di apprezzare i benefici che un ambiente privo di disordine avrebbe apportato alla mia salute mentale, ma non alla mia anima.
Sforzi del tutto inutili, quando il disordine è dentro e non fuori.

L'insonnia avanzava, ma la miopia miracolosamente migliorava. Un giorno qualsiasi, durante una pausa pranzo qualsiasi, ho iniziato ad avere dei déjà vu.
I visi radical, compreso il mio, sembravano assomigliarsi e scolorire, sbiadivano le fossette e anche i solchi tra le sopracciglia, le decolorazioni ci assottigliavano i capelli e la pelle ingrigiva nel volubile fumo di sigaretta o sigaretta elettronica, i nostri sguardi erano vacui, le labbra aride e il cuore pure.
Facevo sempre più fatica ad asciugare le lacrime nei bagni degli uffici e dei locali alla moda, facevo fatica a riconoscermi allo specchio, stava iniziando la mia dolorosa scissione e ancora non lo sapevo.
Il mio sembrava un eterno dialogo tra Sméagol e Gollum, logorato dalla ricerca dell'anello, mi dilaniavano la ricerca e il desiderio di qualcosa che in realtà non solo non esisteva, ma distruggeva la mia identità.
Come i miei colleghi, lavoravo quotidianamente con il mercato delle emozioni, stati mentali e fisiologici che sfruttavo in migliaia di processi per fidelizzare con più facilità gli utenti a un prodotto o servizio. Mi scervellavo su come poterle generare senza provarle dav-

vero e il risultato era quello di incorrere in una grave deformazione professionale, uno scompenso emotivo e un alienamento dalla realtà che comportava il vivere per ore e ore al giorno in un posto altro. Una fantomatica terra promessa fatta di ideali solo in apparenza egualitari, messaggi motivazionali appesi alle pareti, false promesse di verità, pochi indirizzi – Lido di Venezia, Croisette di Cannes – e uno sbarramento all'ingresso fatto di prezioso filo spinato.
Sarà stata l'avanzata delle modelle over ottanta, sarà stato tutto quel colorante blu che aveva rovinato la ceramica della doccia e i colletti delle camicie, ma nel paese reale la mia coscienza si stava fortunatamente risvegliando dopo un lungo letargo.
Nessun altro ha notato che sono tutti completamente impazziti? Mi chiedevo. Perché hanno tutti paura di vedere le cose per ciò che realmente sono? Perché slogan come quelli degli assorbenti riescono a distrarci dal capire quale è realmente la fonte della nostra sofferenza? Perché la salute, il bel lavoro, la casa, la macchina, il fidanzato, i viaggi, gli abiti griffati, gli amici, i genitori amorevoli, le cene, le feste, le spirali di bambù non mi bastano? Perché nulla è mai abbastanza?
Senza Dio, nulla è mai abbastanza.
Avevo bisogno di aiuto ma non sapevo a chi chiederlo, e soprattutto mi vergognavo di chiederlo.
I nuovi Radical Chic, dentro, sono creature fragili e complesse come tutti, ma forse di più.
In un mondo che ti chiede, invece di andare a Messa, di celebrare te stesso e i tuoi successi e di non mostrare mai alcuna debolezza, se non per una bella storia adeguatamente sponsorizzata su un settimanale, gli infelici finiscono per essere come i Poveri Vergognosi di reminiscenza medievale, esseri umani diseducati all'umiltà, disperatamente bisognosi di soccorso e impossibilitati, per condizione (auto conferita) a chiedere aiuto.
Con molta probabilità per curare l'angoscia, per un consiglio sincero, non chiederanno a un familiare o a un amico, ma andranno da

un esperto di tarocchi a farsi fare un quadro astrale.
E poi cosa conta l'opinione degli altri? Io ero così fragile da non contemplare neanche l'esistenza di gente che la pensasse in maniera differente da me, anzi ne ero offesa, ma per le apparenze rimpastavo la celebre frase di Evelyn Hall (che puntualmente attribuivo a Voltaire): «Non sono d'accordo con quello che dici, ma darei la vita...». BALLE! Non mi piaceva ascoltare un parere diverso dal mio e questa era la mia condanna.

Ma Dio resiste ai superbi, Dio resiste a un sacco di cose.
Dietro quelle smorfie altezzose, frivolezze, nichilismi, risolini sarcastici e scetticismo, i Radical Chic, come tutti gli esseri umani, cercano il volto di Dio, solo che lo chiamano karma, energia, universo, impegno, onestà intellettuale, persino ateismo e, in questa ricerca, non sono meno degni di rispetto di qualsiasi altro.
Nessuna di queste cose, neanche la fede, ci regala scappatoie o ci spalanca un destino di felicità, né ci dispensa dalla fatica di vivere, dal dolore, dalle responsabilità quotidiane, ma chi vive con la fede non è, come lo ero io, stritolato dal vuoto e dalla mancanza di senso, chi ha fede non brancola smarrito nella solitudine del buio senza avvertire il conforto di qualcuno che veglia su di lui.
Siamo proprio noi credenti, noi privilegiati, già graziati dal dono della fede, a non dover essere esclusivi a nostra volta verso chi vive senza questo conforto.
Dove intravediamo la voglia di remissione, il bisogno di cambiamento, di aiuto, non giudichiamo, non imponiamo, piuttosto accogliamo, comprendiamo, accompagniamo per mano, e riserviamo la prima fila in chiesa a chi ci rientra per la prima volta dopo anni.
Educhiamoci alla preghiera, all'amore, all'altruismo, evangelizziamo con l'esempio.
Ricordiamoci di dare sempre il giusto valore a ogni uomo, a ogni persona, a ogni fratello, perché tutti siamo di Dio.
Oggi lo so.

4.
COME, QUANDO E PERCHÉ HO PERSO LA FEDE

Io me lo ricordo come, quando e perché tutto è iniziato. Come, quando e perché mi sono allontanata dalla fede. È successo alle scuole medie.

Prima di arrivare a parlarvi di quel periodo, voglio raccontarvi di come sono cresciuta in una famiglia di tradizione cattolica. I miei genitori, come i miei nonni, hanno frequentato scuole e collegi cattolici, più per dovere che per convinzione, ma chi tra di noi aveva davvero fede era la mia nonna materna, Elvira. Con lei, io e mia sorella ci divertivamo ad allestire il balcone in attesa che passasse la processione; poco importava se con i miei genitori andassimo a Messa solo per le feste comandate, con lei ci andavamo sempre volentieri e, quando srotolavamo il tappeto rosso e lanciavamo i petali di rosa al passaggio della statua della Madonna, quel balcone diventava il posto più bello del mondo.

Amavo l'odore dell'incenso, i segni di pace, il solletichio dei polpastrelli immersi nell'acquasantiera e il fatto che, per arrivarci, dovessi alzarmi sulle punte dei piedi o farmi prendere in braccio. Sì, amavo davvero tutte queste cose e le amavo ancora di più dopo la mia Prima Comunione.

È stata mia nonna a insegnarmi le preghiere, i fioretti, le buone azioni, l'importanza del perdono e dell'accoglienza. Sicuramente milioni di persone a questo mondo, senza essere credenti o cattolici, hanno avuto o hanno la stessa buona disposizione d'animo che aveva mia nonna. C'era, però, una cosa che mi aveva insegnato, che come nessun'altra sapeva regalarmi pace e conforto quando ero triste, ed era la preghiera all'angelo custode.

Una presenza che sentivo sempre al mio fianco nel momento del bisogno, lo chiamavo chiudendo gli occhi quando avevo paura, rabbia, angoscia, gelosia, ma anche quando ero felice. Non era un amico immaginario, era una presenza reale come Gesù, la Madonna, i Santi, Dio.

Era tutto perfettamente logico e tangibile, la conferma era nel sorriso di mia nonna, sempre serena, mai arrabbiata, né turbata, eppure era quella che in famiglia aveva sofferto più di tutti.

Di catechismo, però, non ne sapeva molto, non si intendeva di dogmi teologici, né si faceva tante domande sul perché si credesse a una determinata cosa.

Lei credeva e basta perché sapeva che se tutti, a modo nostro, nel mondo, avessimo fatto un pochino di bene, le cose non sarebbero potute andare tanto male, dopotutto.

Lo sapeva perché era sopravvissuta alla guerra, ci ricordava di come aveva ugualmente pianto nel veder morire il soldato tedesco che aveva minacciato lei e la sua famiglia, e quello americano che, invece, l'aveva salvata. Ci raccontava del dolore per zio Giovanni, imprigionato in un campo di concentramento e quello per Mario e Maria, morti a causa dei bombardamenti alleati.

Era sopravvissuta anche il giorno in cui si era ritrovata d'improvviso due uomini in cucina, sporchi e trasandati, entrati dalla finestra, che sostenevano di essere dei rappresentanti di pentole. Non li aveva cacciati, ma aveva offerto loro dei panini al salame e una manciata di monetine.

Era sopravvissuta a tutto, anche alla grave e incurabile malattia di una figlia, ai litigi, alle incomprensioni, agli allontanamenti, alle cattiverie. Mia nonna, che non sembrava mai stanca, amava tutti, non giudicava nessuno, sopravviveva, sopportava e pregava.

Solo a lei avevo portato un souvenir dalla mia prima gita alle elementari, una statuina della Madonna di Pompei che mi era costata i severi rimproveri della maestra Guendalina. La statuina riportava il prezzo di duemilacinquecento lire, mia madre mi aveva affidato una banconota da cinquemila lire e si era raccomandata di non

consumarli tutti, quei soldi. La vecchietta che vendeva le statuine, sulle scale del Santuario, mi aveva però così intenerita che avevo deciso di donarle il resto. Mi spiegava, ringraziandomi, che lo avrebbe usato per comprare le caramelle ai suoi nipotini.
A nulla era valso spiegarlo alla maestra Guendalina, per lei semplicemente non sapevo amministrare il denaro e fare le sottrazioni. Senza denaro, né merenda, mi aveva spedita per punizione nell'ultima fila dell'autobus, e lì, da sola, avevo patito una nausea terrificante.
Iniziavo a capire che a volte, credendo di fare del bene, si scontentava qualcuno e si rischiava di rimetterci.

Poi la matematica, effettivamente, proprio non mi piaceva, io ho sempre desiderato scrivere, sognavo di farlo da quando avevo composto la prima frase dedicata proprio a mia nonna che andava ancora a prendere l'acqua in campagna – «*la nona va al poz*» – e mi era sembrato di capire che il liceo classico fosse la scuola più adatta a raggiungere lo scopo.
Poco importava il parere della professoressa Lazoppis, la docente d'italiano delle scuole medie che aveva tentato in tutti i modi di scoraggiarmi nel mio intento, sentenziando: «Per quelle sciocchine come te, va bene al massimo un magistrale».
In prima media aveva stabilito, invece, che fossi la più brava della classe, e che i miei temi e le mie argomentazioni fossero addirittura "geniali" ma, dopo aver notato, durante un compito in classe, che tenevo legato allo zaino Invicta un rosario, aveva cambiato improvvisamente idea. «Serena, non andrai molto lontano con queste superstizioni, pensi che quelle perline di plastica ti aiuteranno a fare il compito in classe? In chiesa entrano i mafiosi in giacca e cravatta e invece un mio bravissimo ex alunno, che aveva i jeans strappati, è stato accompagnato fuori dal Duomo di Milano. Ricordati che la vera cultura è solo quella di sinistra».
Tutti avevano riso, ma io non avevo capito una sola delle parole

che mi aveva rivolto la professoressa, le volevo bene, e quasi mi era venuto il dubbio che non stesse parlando con me, la politica per me era un mistero, ma ero abbastanza sicura che anche la mia famiglia fosse di sinistra, qualsiasi cosa volesse dire. Anche a me non sembrava giusto allontanare qualcuno da una chiesa perché indossava dei jeans strappati, perciò forse eravamo d'accordo su tutto, lei poi era l'insegnante e certamente ne sapeva più di me. Il rosario era un ricordo, un regalo che i nonni mi avevano portato dal loro viaggio a Lourdes, non lo pregavo per andare bene a scuola (in realtà lo avevo pregato solo per gli Europei che avevamo perso miseramente), semplicemente non le piaceva, era questa la risposta che mi ero data, ma non mi spiegavo comunque cosa c'entrasse quel rosario con la cultura, la sinistra e il Duomo di Milano.
Tra l'altro avevo ricevuto in dono quel rosario per un fraintendimento: la mia compagna di banco delle elementari mi aveva raccontato che sua nonna, di ritorno da Lourdes, le aveva portato una bellissima corona di rose, che lei indossava solo in casa. Dovevo assolutamente avere pure io quella che mi immaginavo essere una meravigliosa tiara, per farne sfoggio con le amiche, perciò avevo scongiurato mia nonna, prima della partenza, di portarne una anche a me. La poverina, commossa, mi aveva assicurato che se ne sarebbe ricordata e così aveva fatto.
La corona di rose non si poteva mettere in testa, né era fatta di rose vere, ma a me piaceva molto comunque e avevo iniziato a portarla sempre con me.

Quel giorno, in classe, in seguito all'ammonimento della professoressa Lazoppis, mi ero affrettata a nascondere il rosario nell'astuccio, intendendo per la prima volta che fosse qualcosa di cui vergognarsi. Ma questo non era bastato a recuperare la sua stima. Da metà di quell'anno, fino alla terza media, non ero più stata interrogata nelle sue materie, italiano, storia e geografia, e i miei temi, per quanto mi impegnassi, non racimolavano più della sufficienza.

Se provavo a offrirmi come volontaria all'interrogazione mi rispondeva stizzita che solo lei poteva decidere come e quando interrogare, non mi dava mai la parola durante i dibattiti e rimaneva sorda a ogni mio intervento. Ogni occasione era buona per umiliarmi pubblicamente: se stavo al mio posto ero troppo educata, se non alzavo la voce ero poco ribelle, se entravo in classe mentre gli altri aderivano allo sciopero, per andare al bar, ero una vigliacca. Se scoppiavo a piangere per le offese dei compagni che, da quando lei mi aveva rimproverata per il rosario mi chiamavano «La Monaca di Monza» e non mi davano pace, ero debole, poco ironica, banale e «scialba». Avevo imparato da lei il significato del termine, l'unica cosa che era riuscita a insegnarmi in tre anni.

Quelli che in classe erano iscritti al circolo del tennis frequentato da suo marito – figli di notai, giudici, medici e imprenditori, che indossavano jeans strappati e griffati, che si rifiutavano di prendere parte all'ora di religione, che avevano incendiato il registro di classe a causa delle troppe note accumulate nell'anno, che avevano rotto i termosifoni per scioperare, che avevano svuotato gli estintori nelle aule per saltare l'interrogazione, che bevevano e fumavano, che copiavano i compiti in classe con i primi costosissimi cellulari, che insultavano i professori e deridevano i compagni più deboli – godevano, invece, della sua più assoluta stima. E venivano giustificati dalla professoressa Lazoppis, anche se lei sapeva che erano loro a scrivere sui muri dei bagni: «Chi va con Lazoppis impara a...». Erano giustificati perché sapevano passare con disinvoltura dalle Lacoste d'ordinanza alle *t-shirt* di Che Guevara, affrettandosi a entrare, dopo la lezione di tennis, nel Centro sociale nel quale militavano le sue due figlie.

Però, ammetteva: «Siete un po' ignorantelli e cafoni, ma mi ricordate tanto me allo vostra età, quando volevo cambiare il mondo e scendevo in piazza per fare il Sessantotto, non era importante quanto avessi in condotta, ma il potere delle mie idee. La scuola serve soprattutto a pensare con la propria testa, non certo a dare lezioni di bon ton. Serena, impara dai tuoi compagni che sicuramente combineranno qualcosa nella vita, chiedi ai pazienti del padre di Camilla se devono ringraziare il rosario per essere vivi o la sua laurea in medicina, e giusto perché tu lo sappia il Sessantotto non è l'autobus per Monza».

Ennesime risa, ennesimi occhi lucidi, ennesima esortazione a non essere permalosa, tutti gli altri ottimo e distinto nel tema sul coraggio e io al posto del voto un grosso punto interrogativo e la scritta a matita blu «Tu non sai cos'è il coraggio», che si traduceva poi sul registro come un insufficiente. Nel tema non avevo parlato né di Santi, né di Dio, che ormai mi seccava anche solo sentire nominare, e che non avevo mai citato in nessuno dei miei temi, ma solo di quanto fosse importante, per me, reagire pacificamente alle offese e alla violenza, citando Gandhi e la resistenza passiva e sperando invano di mandare un messaggio alla professoressa.

A quei tempi non si parlava di bullismo e io non riferivo a casa questi episodi, ma i miei genitori, vedendomi cambiata e sempre più apatica, dopo aver cercato inutilmente di parlare con la professoressa Lazoppis e con il preside, mi imploravano ogni giorno di cambiare classe.

Io però mi ero intestardita, cambiare classe o scuola era fuori discussione, sarebbe stata l'ennesima conferma della mia debolezza, la professoressa era stimata da alunni, docenti, preside e bidelli. Faceva parte del sindacato e suo marito era un consigliere comunale dei DS molto noto e benvoluto in città.

La colpa non poteva essere sua che era, a detta di tutti, una persona colta e intelligente, la colpa era solo mia, probabilmente ero davvero ignorante, superstiziosa e pavida e lo ero soprattutto per colpa del rosario. Perché non avevo appeso allo zaino un portachiavi Scoubidou come facevano tutti gli altri? Perché i miei nonni non mi avevano regalato un paio di jeans strappati? Perché ero iscritta a ginnastica ritmica e non a tennis? Perché i miei genitori non erano

cardiochirurghi, ma due semplici insegnanti? Perché le resistenze passive, quella di Gandhi, e quella di mia nonna, non mi portavano da nessuna parte?
Le lezioni della professoressa Lazoppis erano molto singolari, raramente si atteneva al programma, piuttosto si dilungava per ore in racconti che decantavano le lodi delle sue due figlie che, con scandalosa audacia, avevano deciso entrambe di rasarsi a zero i capelli. La cosa tra l'altro era molto frequente in quel periodo tra attrici e cantanti, una moda lanciata dal film *Soldato Jane* e diffusasi rapidamente tra le teenagers.
Lei, però, sosteneva che Demi Moore non c'entrasse per nulla, le sue figlie avevano rinunciato ai loro morbidi riccioli in omaggio a Thích Quảng Đức, il monaco buddhista che si era dato fuoco a Saigon nel 1963 per opporsi al regime dittatoriale e all'oppressione religiosa che si era instaurata in Vietnam in quegli anni e, aggiungeva rivolgendosi a me: «Contro tutte le brutture che il cattolicesimo ha perpetrato nei secoli».
Ci intratteneva vagheggiando le raffinate colazioni che, lei bambina, aveva assaporato nei giardini della casa di sua nonna paterna, ricca possidente e temeraria "suffragetta" sempre dalla parte dei bisognosi.
Negava l'eccidio di Porzûs, di cui si era tornato a parlare tanto all'epoca, e non credeva che gli americani avessero liberato l'Italia dalla guerra: l'avevano liberata le gesta dei suoi genitori, integerrime staffette partigiane, anche se, a onor del vero, nel nostro territorio non erano pervenute notizie di una resistenza locale. Sulla scia di queste convinzioni aveva guidato la protesta contro l'apertura del primo McDonald's cittadino, quella contro il negozio di pellicce e contro la neonata clinica di chirurgia estetica, salvo retrocedere quando aveva scoperto che molte delle mamme dei suoi alunni preferiti ne erano clienti.

Parte delle idee di cui la professoressa Lazoppis si faceva portavoce erano giuste e sacrosante. Anche a me si stringeva il cuore per Thích Quảng Đức, per l'oppressione religiosa, per i poveri visoni e per l'abuso di silicone, ma c'era sempre qualcosa di strano nel modo in cui lei esponeva queste idee, qualcosa che non tornava, un tono arrogante, estremo e spesso ipocrita, che non tollerava né replica né il dibattito che lei sosteneva di amare tanto. I rari contestatori venivano liquidati ed etichettati con il suo insulto preferito: «fascisti e ignoranti».

Si professava paladina dell'ambiente, condannava chi possedeva due auto a famiglia, ma poi ci narrava deliziata dell'ultima vacanza nelle isole Eolie, trascorsa sullo yacht dei compagni di partito di suo marito.

Appassionata della Cina, estimatrice del maoismo, sostenitrice della legalità, era solita regalare, ai bidelli che l'adoravano, i libri di testo, omaggio delle case editrici a uso esclusivo del docente, in cambio di salumi, formaggi e primizie dei loro paesi. Li mandava spesso a fare la spesa durante le ore di servizio, raccomandandosi di acquistare solo le marche indicate nell'elenco da lei fornito e di non comprare "cinesate".

Il baratto avveniva poi in classe, davanti a tutti, con reciproci scambi di auguri e saluti alle famiglie. I bidelli aspettavano pazienti il giorno in cui i testi venivano esauriti dalla libreria scolastica, così in quell'occasione potevano rivendere le copie, in portineria, a prezzo maggiorato.

I nostri banchi, perciò, erano pieni di libri che riportavano la scritta «Copia Saggio».

Memorabili gli aneddoti sulle origini nobiliari della sua famiglia, sui suoi cappotti di *cashmere* che non nuocevano agli animali e sui disegni che i bambini che adottava a distanza in Africa le inviavano per ringraziarla della sua generosità, chiamandola «la bella e bianca mamma europea». Appendeva i disegni sulla parete della classe, accanto al Crocifisso che, nonostante tutto, non si azzardava a spostare, forse perché sapeva che la sua piccola rivoluzione, più

formale che sostanziale, non poteva valicare i confini della sezione B di quell'Istituto Comprensivo provinciale.
Sempre nell'aula scolastica incorniciava, compiaciuta, la fotografia di due bambini, uno bianco e uno nero, che si tenevano per mano. Per lei, d'altronde, erano tutti uguali a questo mondo, tranne «quegli sporchi zingari che mi hanno rubato in casa e adesso la devo far disinfestare».

Professava con forza il suo ateismo ma, alla morte di suo padre, aveva scelto di organizzare per lui un funerale cattolico, al quale i miei genitori mi avevano convinta a partecipare, per solidarietà e per porgere rispettosamente le mie condoglianze malgrado tutto. Era il mio primo funerale, pochi mesi prima non avevo preso parte neanche a quello di mio nonno materno, Cosimo, pensavo che non sarei sopravvissuta al dolore.
Quelli del circolo del tennis non c'erano, erano stati i primi a esultare per i due giorni di permesso che la professoressa Lazoppis si era presa per elaborare il lutto.
Durante l'omelia io e gli altri pochi compagni di classe presenti, scoprimmo che il padre della professoressa Lazoppis non era stato una staffetta partigiana, né un nobile decaduto, né un facoltoso latifondista, ma un abilissimo ciabattino. Aveva trascorso l'infanzia tra le case popolari ed era stato un uomo estremamente devoto, nonché membro dell'Azione Cattolica.
I due non si parlavano da anni, in quel momento provavo tanta pena per lei.
Il tempo del lutto, che l'aveva in parte ammorbidita, durò però poco; nel corso dell'ultima lezione che aveva tenuto prima degli esami, prendendo atto che mi sarei iscritta comunque al liceo classico contro il suo parere, mi aveva congedata con questa frase: «Talvolta capita che le Oriette Berti partecipino al Festival di Sanremo, ma la gente alla fine si ricorda solo dei Luigi Tenco».
Anche quella battuta non l'avevo capita, però conoscevo i cantanti:

Orietta Berti l'ascoltava tanto mia nonna, mio padre invece aveva tutte le musicassette di Luigi Tenco. Mi piacevano entrambi.

Alla fine delle scuole medie avevo in testa una gran confusione e una sola certezza: la professoressa Lazoppis e quelli del circolo di tennis/centro sociale piacevano a tutti, erano loro i vincenti, quelli che potevano permettersi di dire e fare tutto quello che volevano, quelli che la facevano sempre franca, quelli che erano sempre dalla parte giusta e lo sarebbero sempre stati. Invece di combatterli o tentare di ragionare con loro sarebbe stato meno faticoso passare dalla loro parte.

Non avevo voluto più confidarmi né chiedere consiglio a nessuno, mia nonna non sorrideva più e l'angelo custode era un traditore, mi aveva abbandonata e aveva lasciato che tutti mi deridessero per tre anni. Non mi fidavo più di nessuno, mi ero definitivamente chiusa in me stessa. Avevo smesso di recitare le preghiere, avevo rinunciato a frequentare il corso per la Cresima, mi rifiutavo di tornare a Messa e avevo giurato che non avrei più messo piede in un confessionale.

La professoressa Lazoppis è stata la prima Radical Chic con la quale ho avuto a che fare. Oggi non c'è più, un brutto male se l'è portata via qualche tempo fa.

Le sue figlie, che hanno organizzato per lei un funerale cattolico, non le parlavano da anni.

Una ha lasciato la città senza mai completare gli studi, l'altra, raggiunto a fatica il diploma e in gravi difficoltà economiche, è diventata commessa della piccola libreria accanto al centro sociale; la ben più prestigiosa libreria scolastica ha rifiutato la sua candidatura perché «sei figlia di quella che si rivendeva le copie saggio».

Negli anni ho incontrato molti cloni della professoressa Lazoppis e, malgrado le sciocchezze che andava sempre farneticando, su una cosa aveva perfettamente ragione: la scuola dovrebbe servire a imparare a pensare con la propria testa. Io, invece, stavo iniziando il liceo promettendomi di adeguarmi a pensare con quella degli altri.

5.
FLINTSTONES VS JETSONS

Gli esami di terza media non avevano riservato sorprese.
La mia pagella finale riportava tre sufficiente in italiano, storia e geografia e tutti ottimo nelle altre materie, persino educazione fisica, dove la mia specialità era stata riscaldare la panchina del campo di pallavolo.
Tra le prove scritte, in una delle quali la professoressa Lazoppis mi aveva sequestrato il compito accusandomi di copiare da un certo Roberto del circolo del tennis, che invece stava copiando da me, e l'esame orale, durante il quale era uscita stizzita dalla classe alla presentazione della mia tesina sull'Australia, ero allo stremo delle forze.
La sorpresa c'era stata, però, con il voto finale.
Forse perché avevo scelto di parlare di un continente che non aveva mai nominato, forse perché mi piaceva studiare, forse perché la disparità dei miei voti era lampante, forse perché era estate, la professoressa Lazoppis, per quanto riguardava me, non era riuscita a imporre il suo volere alla commissione. Il voto con il quale mi licenziavo dalle scuole medie gridava in bacheca un inequivocabile: «DISTINTO».
Era stato l'unico distinto della terza B, un bocciato, due sufficiente, tre buono, tutti ottimo invece per il circolo del tennis che si confermava lo sport più in voga della provincia, dopo le bocce.
Del voto non mi importava niente. Era un buon voto per il resto dell'umanità, per i miei genitori, insegnanti, rappresentava invece un'umiliazione. Per me solo la conseguenza di una discriminazione che forse mi ero meritata, o almeno era meno doloroso pensarla così. Qualcuno doveva spiegarmi che i rosari non si portavano in classe, né si appendevano allo zaino.

Cosa avevo imparato da tutta questa storia?
Oltre a tenere alla larga i rosari, mi erano entrate in testa le parole della professoressa Lazoppis: «La cultura è solo di sinistra! La cultura non può essere cattolica!». Quindi, i cattolici sono tutti ignoranti e superstiziosi e quelli di sinistra, i progressisti, sono tutti intelligenti e colti.
Semplice, no? Ero quasi sollevata dal fatto che la complessità del mondo potesse essere divisa da un così comodo spartiacque. Da una parte, nelle caverne, con pellicce di visone e clave, gli ignoranti e superstiziosi Flintstones cattolici, i retrogradi antenati a cui piacevano i film di Natale, si pettinavano con lische di pesce e inquinavano la terra con le loro Panda Euro Zero. Dall'altra gli illuminati, colti, moderni, non cattolici Jetsons, i pronipoti progressisti, che, dall'alto delle loro ecologiche biciclette volanti, vegliavano indefessi sull'Intelletto. A fine serata si crogiolavano tra agi e amenità, ingollando Martini serviti da Rosie, la cameriera robot.
Com'era confortevole pensare di non dover più scervellarsi, impegnarsi a pensare, imparare a riflettere quando la vita diventava troppo spaventosa e faticosa. Ora che tutti avevano addosso una bella e facile targhetta di riconoscimento, potevo rilassarmi anch'io.
E quelli che, come a casa mia, erano cattolici e di sinistra? Mia madre indossava una collana di perle come quelle di Wilma e Betty e quando ero piccola una mia zia mi chiamava «Bam-Bam», per via del mio caschetto biondo. Sì, noi eravamo i Flintstones, perciò meglio non farsi altre domande, meglio non rischiare di scoprire troppo e scoperchiare altri vasi.
Non cattolici uguale colti, cattolici uguale ignoranti: adesso lo avevo capito, l'incubo era finito.

Con i canguri che mi saltellavano ancora nella testa, me ne ero andata a festeggiare all'edicola comprando Topolino e quattro dei quotidiani che eravamo soliti leggere in famiglia.
A quel tempo l'apertura dei quotidiani nazionali era quasi sempre

dedicata alla Striscia di Gaza e alla situazione in Medio Oriente, si passava poi alla politica interna, cronaca, sport, seguiva la Terza Pagina, ovvero cultura e spettacolo, note di costume e in chiusura gli annunci mortuari. Non era certo un sistema perfetto, venivano tralasciate tante notizie importanti, inchieste e approfondimenti delegati a riviste di settore, ma, bene o male, di qualsiasi parte politica fosse la testata, questa era la scala di priorità dell'informazione.
Oggi su quegli stessi autorevoli quotidiani troviamo accostate, nella stessa pagina, i raccapriccianti dettagli di una strage terroristica e i consigli su quale sia il make up più adatto per chi porta gli occhiali, e non ci sembra neanche tanto strano.
Ma torniamo a quel giorno d'estate, mentre imboccavo il vialetto di casa con il mio distinto in pagella, Topolino e i quattro autorevoli quotidiani sotto il braccio, promettendomi di sfogliarli tutti, dopo pranzo.
Avevo iniziato da Topolino, naturalmente, poi, come sempre, avevo diviso la mia amata Terza Pagina dal resto delle notizie, lasciandole ai miei genitori, e avevo poi trascorso il resto del pomeriggio a leggere recensioni degli ultimi film in sala e interviste ad attrici, attori e registi, sognando che la mia firma potesse fare un giorno capolino tra quelle righe.
Chissà quanto bisognava studiare per diventare uno di quei giornalisti, mi chiedevo.

La mattina seguente, sul tavolo dello studio, erano rimaste solo delle disordinate e spiegazzate pagine dell'inserto cittadino. Tra le regole di casa c'era quella di riutilizzare la carta di giornale per pulire i vetri delle finestre, sempre impeccabili, così, nella speranza di essere utile e addolcire un po' l'amarezza dei miei genitori per quell'ottimo mancato, avevo deciso che avrei pulito io i vetri quella mattina.
Non so voi, ma a me le idee migliori vengono sempre quando faccio le pulizie, e quel giorno non aveva fatto eccezione.

Fissata la scala per raggiungere gli angoli più alti, e con in mano la carta imbevuta di detergente, mi ero messa a riflettere sul futuro. Il liceo classico pubblico della mia città sarebbe stato frequentato in blocco dai seguaci della professoressa Lazoppis che, già durante gli esami, si era alacremente indaffarata a raccomandare i suoi protetti alle sue conoscenze più alte in grado, ma per chi come me non aveva Santi in Paradiso, o meglio al circolo del tennis, la strada non sarebbe stata priva di ostacoli.

Studiare probabilmente non sarebbe bastato, il rischio era quello di incagliarsi nuovamente nello stesso meccanismo perverso. Altri cinque anni di persecuzioni, ingiustizie, lassismo, altri cinque anni senza soddisfazioni, senza poter coltivare ambizioni, senza motivazioni.

Avevo voglia di riscatto, diciamo pure di vendetta, volevo studiare e imparare, volevo dimostrare il mio valore, volevo scrivere e volevo stare su quella Terza pagina, la pagina della cultura che, come diceva la professoressa Lazoppis, era solo di sinistra.

Non volevo più essere derisa, sarei anche stata disposta a cambiare città, regione, stato, pur di non rincontrare le stesse persone.

Era deciso, sarei vissuta in esilio volontario un ragionevole numero di anni per poi riapparire, ricolma di onori e gloria, sotto le vesti di una novella Contessa di Montecristo, pronta a strappare il velo di ipocrisia agli impostori.

Sì, dovevo assolutamente trovare un'alternativa a quel liceo classico.

Mentre mi impegnavo a scacciare via lo sporco con tutte le mie forze, un titolo dell'inserto cittadino, che stavo usando per lucidare i vetri, mi faceva sapere che non avrei dovuto cambiare né stato, né regione, né città per avverare il mio sogno.

«Il prestigioso Collegio Pitié apre per la prima volta le iscrizioni alle donne».

Stavo quasi cadendo dalla scala! Il Collegio Pitié era un collegio cattolico famoso per la sua rigidità, per l'integrità, per la fama di alcuni ex alunni e per l'ottimo piano di studi; inoltre proponeva, tra le attività extracurriculari, un giornalino studentesco che godeva di una certa popolarità tra le scuole pubbliche.

C'era da pensarci bene, però: la religione mi aveva già procurato guai, inutile illudersi, sapevo quello che si diceva in giro delle scuole cattoliche, lo sapevo da quello che diceva la professoressa Lazoppis: «Le scuole cattoliche sono per i figli di papà, per gli imbroglioni, per quelli che vogliono comprarsi il diploma». Lo avrebbero pensato anche di me?

Dei Radical Chic, però, non si dicevano quelle cose, anche se erano imbroglioni come Roberto, o figli di papà come Camilla. I Radical Chic erano i più furbi e venivano presi sul serio, pure da quelli della Terza Pagina, la pagina della cultura che era solo di sinistra e quindi non poteva essere cattolica.

Dovevo essere come loro, un'ipocrita, e la decisione di rinnegare la mia fede era giusta, solo così non mi sarei lasciata mettere i piedi in testa da nessuno. Potevo fare la stessa cosa con il collegio, lo avrei sfruttato al meglio per poi rinnegarlo una volta presentato il mio curriculum alla Terza Pagina.

Non mi sarei fatta indottrinare, avrei agito d'astuzia, avrei resistito alla tentazione di appendere di nuovo il rosario alla zaino, anche ora che avrei potuto farlo.

Ormai spoglia di ogni effigie religiosa, stavo maturando lo scetticismo e la rabbia della pre-adolescenza, dopo un sentiero tortuoso ero decisa a incamminarmi sulla ben più comoda strada del radicalchicchismo e, passo dopo passo, ne stavo acquisendo anche la mancanza di coerenza e la mutevolezza.

Avevo anche un piano B, però, nel caso mi fossi sbagliata: la storia era piena di quei geni alla Manfredi di Svevia, gente che si pentiva in punto di morte dopo aver gozzovigliato una vita.

Io non volevo gozzovigliare, volevo solo, come diceva frignando Greta Garbo in *Grand Hotel*: «Stare in pace».

Sì, il Collegio Pitié sarebbe stato il mio Castello d'If e mi sarei pentita solo in punto di morte.

Il piano era perfetto. Guardandomi allo specchio, piena di soddisfazione, ero corsa dai miei genitori per farli partecipi della mia decisione: «Mamma, papà, me ne vado in Collegio!».
Dopo aver condiviso la notizia mi ero catapultata sul divano, era domenica mattina e in tv davano i Jetsons. Era tempo di modernizzarsi, era tempo di imparare.
Intanto avevo lasciato il lavoro dei vetri a metà, come mi sarebbe capitato di fare con altre mille cose in futuro. La stanza era piena di carta di quotidiani e zuppa di detergente che colava sul pavimento.
I giorni successivi le lettere si erano incollate alle piastrelle e mi era toccato scrostarle a mano una a una.
Mi è anche toccato continuare a leggere, sugli stessi quotidiani che oggi danno la medesima importanza a un articolo su una strage terroristica e uno sui consigli di make up, che la cultura è solo di sinistra e non può essere cattolica.
Lo leggerò e lo leggeremo ancora tante volte.
In quei casi, ricordatevi che la carta è ottima per pulire i vetri.

6.
IL GRANDE FRATELLO VI GUARDA (E SAN GIUSEPPE DA COPERTINO PURE)

Per spiegare meglio il finto perbenismo al quale mi ero votata nel corso degli anni, basta partire dal caro, vecchio, George Orwell e da una data: giovedì 14 settembre 2000.
Io e una buona fetta dell'Italia di fine estate eravamo sintonizzati su Canale 5 alle 21 in punto, in trepidante attesa di quello che sembrava essere lo show del nuovo millennio: il Grande Fratello. Il padre dei reality.
Nei mesi precedenti aveva goduto di un'infinita pubblicità ed era stato presentato come un nuovo abominio televisivo, partorito in un laboratorio di metanfetamine olandese, approdato sugli italici tubi catodici per merito dei geni ardimentosi della tv privata. La me tredicenne non poteva assolutamente perderselo.
Quella sera i dieci concorrenti avevano varcato la "Porta Rossa"; la mattina dello stesso giorno io avevo varcato i cancelli del Collegio Pitié.

Il collegio non era come me lo immaginavo: non assomigliava al Castello d'If, non c'erano i muri scrostati e umidi, non c'era neppure l'abate Faria; c'erano però don Marco e suor Giuseppina, gli unici due religiosi appartenenti al corpo docente.
Don Marco, il professore non di religione ma di storia delle religioni, e suor Giuseppina, la professoressa di greco, li avevo visti per la prima volta alla cerimonia di apertura dell'anno accademico. Se ne stavano seduti in disparte, silenziosi, nel punto più estremo del grande tavolo degli insegnanti, ma io li avevo squadrati per bene e li avevo subito identificati come "i più pericolosi", proprio come Severus Piton e Minerva McGrannit.

Era il momento dell'estrazione, bisognava assegnare a ogni studente una classe, io ero stata smistata nel quarto Ginnasio dei Grifondoro, una classe che speravo, con tutte le mie forze, non somigliasse alla terza B del circolo del tennis.
Per una volta la fortuna era dalla mia parte: i miei compagni di classe non solo non giocavano a tennis, ma erano incredibilmente simpatici, gentili e addirittura educati.
Molti di loro non vivevano in città, ma in piccoli e remoti paesini della provincia, e ogni giorno affrontavano un lungo viaggio per seguire le lezioni in quella che era stata la scuola dei loro genitori.
Altri invece abitavano in collegio; tra loro c'era qualcuno che aspirava a continuare gli studi in seminario, ma ancora non lo sapeva; altri non erano neanche cattolici, ma evangelisti e ortodossi; altri ancora, i non credenti, erano persone che, come me, più che dalla religione, erano attratti dalla fama dell'istituto.
Una cosa però ci univa tutti: il Grande Fratello.

Il Grande Fratello ti guardava sempre e sapeva quello che stavi facendo, anche quando pensavi di non essere visto. Ne parlavamo di continuo, tanto che fino a Natale ogni minuto dell'intervallo era stato dedicato al commento della diretta del giorno precedente. E così, tra declinazioni e traduzioni, alle faticose ore di studio si alternavano quei frivoli lembi di tempo, in cui scoprivamo nuove parole e concetti: cerette maschili, nominations, sesso dietro le tende, confessionali, telecamere e microfoni anche in bagno.

Il Collegio Pitié non mi indottrinava, ma era molto impegnativo. I professori erano giusti ma severi e a me le materie piacevano tutte, persino l'ora di educazione fisica, avevo addirittura vinto delle medaglie nel tiro con l'arco e avevo iniziato a partecipare alle gare regionali.
Stavo imparando a studiare fino a tardi, a faticare per recuperare il tempo perso, a darmi da fare per dimostrare a me stessa e agli altri

chi ero, con ottimi risultati.
La prima pagella aveva riportato tutti 8 e 9, la seconda tutti 9 e 10. Numeri, banali numeri, che però nella mia testa si traducevano in sapere, e le scoperte più belle erano state quelle dei corsi di don Marco e suor Giuseppina.
Inaspettatamente loro non si erano rivelati pericolosi come pensavo, ma affabili e intelligenti, non erano come gli antenati, erano colti e avevano un pensiero aperto e moderno e, con mia sorpresa, anche senso dell'umorismo.
Don Marco, spesso, quando le giornate lo permettevano, ci portava a fare lezione all'aperto, nel parco del collegio. A cavalcioni sul muretto, ci spiegava cos'era l'Egira e quali erano i cinque pilastri dell'Islam; ci raccontava del furto delle pere di Sant'Agostino e della minestra di lenticchie per la quale Esaù aveva ceduto la primogenitura al fratello Giacobbe. Ci mostrava che tipo di cibi si mangiavano per la festa del Purim e ci ricordava che Buddha e Siddharta erano la stessa persona.
Suor Giuseppina non faceva sconti sui voti, ma era sempre disponibile a spiegare nuovamente un passaggio ostico, attenta nel segnalare un aoristo svanito nella traduzione, e paziente durante la lettura metrica. Aveva uno sguardo imperturbabile: lo spazio-tempo collassava quando iniziava a fissarmi fino a che non azzeccavo l'accento giusto sull'endecasillabo.
Era molto umana e, sempre con uno sguardo, riusciva a capire se qualcosa non andava; se lo teneva per se e poi chiedeva da parte, a fine lezione: «Posso fare qualcosa? Hai bisogno di aiuto?». Io tanto le rispondevo sempre di no, che stavo bene e che non doveva preoccuparsi per me, e lei, quando io o altri alzavamo i nostri bei muri, alti e invalicabili, tirava fuori dalla tasca il santino di San Giuseppe da Copertino, senza aggiungere altro ci salutava dicendo: «Affidatevi a lui».
Un santo buffo, protettore tra l'altro di studenti ed esaminandi, lui che nello studio non era certo una cima, aveva superato gli esami

in maniera prodigiosa, così raccontavano. Per me, al massimo, poteva aver fatto una cura al fosforo, figuriamoci poi se mi mettevo a credere alla storia dei voli.
Forse suor Giuseppina aveva scelto di chiamarsi così per lui, non lo sapevo, sapevo solo che, dopo le commedie di Aristofane, San Giuseppe da Copertino era l'unico che riusciva a farla ridere fino alle lacrime. Il pensiero di quel Santo un po' goffo, che levitava per ore e nessuno riusciva a riportarlo giù, era per lei esilarante.
Un po' faceva sorridere anche me, ma io di San Giuseppe da Copertino non avevo bisogno, e infilavo controvoglia i suoi santini sul fondo dello zaino, ben nascosti.

Quasi nessuno dei professori raccontava dettagli della propria vita privata, come faceva invece la professoressa Lazoppis, però una volta suor Giuseppina ci aveva mostrato una foto di lei da adolescente, truccata e vestita alla moda, in sella al suo motorino. Una giovane paninara che, con la cartella Naj Oleari, uno sgargiante piumino Moncler, jeans e scarpe Timberland, sorrideva accanto a quello che sembrava essere un fidanzatino. Con una mano salutava l'obbiettivo e con l'altra stringeva l'acceleratore, forse scappava, con il suo Ciao, dal benessere anni '80, dagli Yuppies e dal consumismo, per correre a prendere il velo bianco e azzurro.
Chissà quando e come aveva abbracciato quel tipo di vita che per me era incomprensibile.
Lo avevo solo pensato, ma suor Giuseppina mi guardava come se lo avessi detto ad alta voce: «Io ho ricevuto molto di più», era stata la sua risposta a una domanda mai fatta.
Rimanevo delle mie idee, ma non potevo negare i fatti: il collegio mi aveva ridato equilibrio, gioia di vivere, motivazione, aveva riacceso in me la passione per lo studio e anche la fiducia verso il prossimo.
Inoltre, a metà anno, nessuno di noi era ancora stato ucciso come ne *Il nome della rosa*, un film che Rai 1 trasmetteva almeno quattro

volte all'anno, insieme a *Pretty Woman.*
Tutto, insomma, procedeva per il meglio, tanto che mi ero quasi dimenticata del giuramento fatto qualche mese prima a me stessa, senza pensarci troppo, avevo risposto «va bene» a mia madre che mi aveva chiesto di riaccompagnarla in chiesa prima o poi. Ma in chiesa non sarei più andata, un mercoledì la realtà si era ripresentata in tutta la sua crudezza.

Mia nonna si era sentita male durante la notte, l'avevano ricoverata nell'ospedale di fianco al collegio. I miei genitori, per non turbarmi, me lo avevano detto solo prima che entrassi a lezione.
Per tutto il giorno la mia mente era stata da un'altra parte, non con gli elefanti di Pirro, né tra i versi dell'Eneide, ma in quella stanza di ospedale che avrei voluto raggiungere al più presto. Controllavo nervosamente l'orologio, e poco prima che le lancette segnassero le fatidiche 13 e un quarto, un boato, proveniente dalla strada, aveva attirato la mia attenzione e quella del resto della scuola. Davanti al collegio si stava organizzando una manifestazione non autorizzata, dalla finestra si notavano del fumo e degli striscioni: «Scuola privata, scuola per ricchi». Nel giro di dieci minuti, il piccolo gruppo di manifestanti, per lo più ragazzini della nostra stessa età, era diventato una moltitudine. Fumogeni contro i cancelli, uova e rudimentali Molotov lanciate nei giardini, cori incessanti che gridavano attraverso i megafoni: «La cultura è di sinistra!», «Via i Crocifissi dalle aule!», «La cultura non si compra!», «Cattolici, vigliacchi, ignoranti e crociati!», e ancora: «Scuola privata, scuola per ricchi!». Il tutto tra applausi, passamontagna, minacce e un bel dito medio a chi di noi si affacciava per cercare di scorgere i genitori che, preoccupati, attendevano all'uscita. I miei non c'erano, erano da mia nonna e mi aspettavano in ospedale.
Dopo mezzora di cori, il mio compagno di banco, Michele, che si svegliava ogni giorno alle 5 per seguire le lezioni, e che era il quarto figlio di un netturbino, aveva cercato di sdrammatizzare dicendo:

«Non sapevo di essere ricco». Nessuno di noi sapeva di esserlo: in effetti la retta del collegio era talmente esigua da assomigliare a un'offerta e molti beneficiavano di borse di studio legate al reddito e al buon andamento scolastico. Ma a quelli lì fuori cosa importava?

Di fatto era impossibile muoversi, il preside ci aveva chiesto di pazientare e qualcuno già si era tolto lo zaino dalle spalle, rassegnandosi a una lunga attesa. Bisognava aspettare che la situazione si calmasse, ma io non potevo aspettare, dovevo correre da mia nonna che stava male e quindi avevo deciso di fare una pazzia, di dimostrare che non ero una vigliacca: volevo aggirare la folla e raggiungere l'ospedale.

Con la scusa di andare in bagno avevo lasciato il mio zaino in aula ed ero corsa verso l'uscita, sgattaiolando fuori dal portone laterale, ma qualcuno lì fuori mi aveva vista ed ero stata presto raggiunta da una decina di ragazzi con il passamontagna. Una di loro, afferrando il cappuccio della mia felpa, mi aveva spinta in pasto alla folla inferocita dove, tra strattoni e insulti, avevo riconosciuto quelli del circolo del tennis/centro sociale, ben più ricchi e benestanti di me. Da una delle tante Mini che stavano bloccando il traffico, con la sua cintura di Dolce & Gabbana che splendeva spietata sotto i raggi del sole, avanzava verso di me, megafono alla mano, Roberto… sì, quello che copiava e che sicuramente era lì per onorare l'onestà intellettuale.

«Ecco dove ti eri nascosta, Monaca di Monza!», mi aveva urlato nelle orecchie lacerandomi i timpani e aizzando i manifestanti verso di me. Tra fischi, risa, puzza di canne e fumo aveva decretato in pochi secondi la mia esecuzione al grido di: «È ora di pranzo, diamole qualcosa da mangiare!».

Di colpo mi erano piombate addosso una mezza dozzina di uova marce ed ero caduta a terra nel silenzio totale.

Sentenza eseguita.

A quel punto dovevo avere un aspetto talmente pietoso (sì, più pietoso di Quasimodo nel giorno de La Festa dei Folli) dall'aver mosso a compassione persino loro, che avevano smesso di infierire. Nessuno si era avvicinato, nessuno mi aveva aiutata a rialzarmi e io, memore di quella volta in cui, dopo l'ennesima offesa, la professoressa Lazoppis mi aveva scaraventato in faccia un pacco di fazzoletti dicendomi: «Tieni! Chi piange non ha mai i fazzoletti», non mi ero voluta scomporre davanti ai miei aguzzini.
Mi ero rialzata stringendo i pugni e, senza guardare in faccia nessuno, mi stavo allontanando in fretta dal collegio, quando, girato l'angolo, avevo sentito la voce di Camilla, che mi ricordava maligna: «Oggi non hai pregato abbastanza».

Non era ora di pregare, era ora di fare una doccia e poi correre all'ospedale.
Ero arrivata con un ritardo mostruoso, senza dare spiegazioni. Mia nonna stava un po' meglio e guardava alla tv le repliche di *Peppino Girella*. Le avevo fatto compagnia per tutto il pomeriggio ma, né a lei né ai miei, avevo raccontato niente di quello che era accaduto poco prima, forse perché, parafrasando Eduardo De Filippo: «A forza di dire è cosa da niente, alla fine ti senti anche tu una cosa da niente».
Avevo lavato via il viscidume dai capelli, ma la puzza di marcio era rimasta. Avevo bisogno di un'altra doccia.
Quella sera, sotto il getto dell'acqua, avevo pensato che il circolo del tennis fosse come il Grande Fratello, un'entità indefinita che ti guardava sempre e sapeva sempre quello che stavi facendo, anche quando pensavi di non essere visto, anche in bagno, anche in quel momento sotto la doccia. Non c'era posto al mondo nel quale potessi fuggire, mi avrebbe trovata ovunque e avrebbe continuato a tormentarmi finché ogni fibra del mio essere non si fosse omologata.
Nel frattempo il *Grande Fratello* aveva pure vinto il Telegatto nella

categoria «Miglior trasmissione di costume e cultura»... persino il *Grande Fratello* era cultura, mentre il Collegio Pitié no.
Quel giorno avevo lasciato in classe lo zaino con dentro i santini di San Giuseppe da Copertino; non avevo mai letto né la preghiera né la frase che era riportata sul retro e che forse mi avrebbe donato un po' di conforto in quella lunga, triste e insonne nottata: «In ogni tuo affare, temporale o spirituale che sia, tu fa' la tua parte e poi lascia a Dio la parte sua».

7.
LA MIA DROGA ERA L'APPROVAZIONE DEGLI ALTRI

A furia di Grandi Fratelli e tutti i reality che si erano moltiplicati in quegli anni, eravamo circondati da una "nuova cultura". I "lati B" erano onnipresenti: su qualsiasi canale, a qualsiasi ora, sfilavano davanti alle telecamere costumi adamitici e primi piani di glutei portentosi e martoriati da mosquitoes.
Ora che potevamo sbirciare le vite degli altri h24, i talk show erano diventati un tripudio di conversazioni scatologiche, perette, emorroidi, ragadi, stipsi, dissenterie, flatulenze, tutte cose belle insomma a cui gli intellettuali (almeno quelli che il nostro paese poteva permettersi...) strizzavano l'occhio ben volentieri.
Nulla ci sembrava più bizzarro o imbarazzante, tutto si appiattiva, si banalizzava, si normalizzava, la tv ci regalava porzioni di Realtà che diventavano in automatico Verità e le case di produzione facevano a gara per segnare la nuova frontiera del trash, una parola che iniziava a diventare sempre più familiare.
Sbiadivano il pudore e la privacy, tutti volevano mostrare un pezzo di sé, delle proprie vite, delle proprie qualità e poco importava se di qualità ce n'era ben poca.

I reality avevo smesso di guardarli, ma anch'io volevo mostrare qualcosa di me, soprattutto sulla Terza Pagina e, per arrivarci, mi dedicavo esclusivamente ad argomenti "impegnati", meglio ancora se "provocatori".
Coltivavo lo spleen baudelairiano, la mia camera era uno sterminato stuolo di costose riviste di settore, di musica, di cinema, d'arte, di libri e dischi. Leggevo Don DeLillo, Bret Easton Ellis, Chuck Palahniuk, Sylvia Plath, Virginia Woolf e Shirley Jackson. Trascorrevo lunghi pomeriggi al cinema o in videoteca, non perdevo un film di

Spike Lee, veneravo Hal Ashby, Tarantino e Todd Solondz. Rallegravo i miei sabati sera chiudendomi in camera a guardare *La scelta di Sophie*, *Nel nome del padre* o *Sacco e Vanzetti*, piangevo per ore sotto il cuscino, immedesimandomi indistintamente in ogni personaggio, anche nel cane di *Umberto D.*

Mi impermalivo quando qualcuno conosceva quella band estone che avevo scovato con tanta fatica, ascoltando di notte una radio underground. Ogni estate trascorrevo un mese di vacanze studio in Inghilterra, indossavo solo anfibi e abiti oversize e contavo i minuti che mi separavano dalla mia fuga dalla provincia.

Insomma, ero la tipica adolescente disadattata.

I corteggiatori non mancavano, ma di fidanzati neanche a parlarne, già allora mi era ben chiaro che qualsiasi legame sarebbe stato un disastroso ostacolo alla mia folgorante carriera. Ma quale San Valentino? Quale matrimonio? Quali figli? Quale amore? Tutte sciocchezze, fantasticherie per povere donnette destinate alla sottomissione e alla clausura nel focolare del paesello.

Potevo perdere al massimo un'ora per un Bacardi Breezer alla pesca e una limonata, non nel senso dell'agrume, nel senso di, insomma, avete capito.

Rimandavo indietro i regali, ignoravo i bigliettini, sdegnavo i mazzi di fiori, mi negavo alle telefonate. Per quelli che mi aspettavano fuori dal collegio con la nuova moto o la nuova macchina, sperando di impressionarmi, avevo sempre il mio bel portone laterale dal quale sgattaiolare, senza temere manifestanti, stavolta, anche perché, con il carico di rabbia che mi portavo dietro, avrei potuto far saltare in aria stuoli di passamontagna e fumogeni.

Tutte quelle cose non mi interessavano: io, come diceva suor Giuseppina, avevo ricevuto molto di più, avevo ricevuto il titolo di Vice Direttrice del giornalino della scuola.

Avevo rifiutato il titolo di Direttrice perché non avrei potuto curare personalmente la Terza Pagina, la pagina della cultura che non poteva essere cattolica, nemmeno sul giornalino del Collegio Pitié

e sotto il mio mandato avevo imposto agli articoli un tocco laico e glamour.
Niente film su Bernadette, padre Pio e Santa Maria Goretti, erano roba di cattivo gusto, roba da madonnari, da superstiziosi, da gente che attorcigliava il rosario intorno allo specchietto retrovisore.
Erano trascorsi quasi quattro anni dal lancio delle uova ed era ormai iniziato l'ultimo anno di liceo, i miei capelli non puzzavano più, ma rimanevo comunque delle mie idee.

Dio, però, ha senso dell'umorismo e quella linea retta che sembrava la mia vita, come retta sembravo anch'io, stava di nuovo per essere deviata.
Mi trovavo negli uffici del giornalino scolastico, ufficialmente per impaginare gli ultimi articoli per il primo numero dell'anno, ma in pratica mi ero rintanata a leggere indisturbata uno dei miei tanti libri. Proprio mentre stavo iniziando un nuovo capitolo, era venuto a visitarmi il preside.
«Serena, voglio presentarti un nuovo studente che mi piacerebbe tu aiutassi, arriva dal liceo classico pubblico, è un po' scapestrato, ha perso un anno ma ha tanta voglia di fare, gli interessano il cinema, la musica e anche la politica. Scrivere qualche articolo potrà sicuramente aiutarlo e motivarlo a fare meglio, e chissà che non si impegni di più nello studio. Dagli un caloroso benvenuto».
Avevo proprio bisogno di una mano, in effetti; quello sarebbe stato per me l'anno della maturità e forse non avrei più potuto curare ogni minimo dettaglio come nei precedenti.
«Ma certo, preside, ne sarei felice», avevo risposto con entusiasmo, mettendo da parte il mio libro.
Soddisfatto, il preside si era sporto fuori dalla porta, facendo cenno di entrare: alle sue spalle avanzava una sagoma familiare, capelli ingelatinati, maglietta di Che Guevara, cintura Gucci, polsino da tennis e Rolex Submariner. No! non poteva essere lui.
«Serena, ti presento Roberto», aveva confermato il preside, spaz-

zando via ogni dubbio.
Sì, era proprio lui, il Roberto che copiava, quello che mi aveva lanciato le uova, quello del circolo del tennis. Se ne stava lì davanti a me, immobile, a fissarmi come se non mi conoscesse, come se qualche anno prima non avesse guidato la protesta e quella folla abbrutita contro il collegio.
Non potevo assolutamente tradire emozioni. Avevo ricomposto in fretta il mio stupore e mi ero messa a ricambiare la sua aria indifferente, mentre spiegavo come funzionavano le riunioni di redazione, l'assegnazione degli articoli e le consegne. Roberto continuava a guardarsi intorno svogliatamente, spulciando i titoli dei libri sugli scaffali e i premi che il giornalino aveva vinto nel corso degli anni.
Finalmente era arrivato il momento di congedarsi. Il preside si era raccomandato di accordarci al più presto sul primo articolo e Roberto sarebbe dovuto passare in ufficio da me, il giorno dopo, per proporre un argomento.

Vedendoli allontanarsi lungo il corridoio ero corsa in bagno a sciacquarmi la faccia e a sbollire il rancore. Come si permetteva quel verme di invadere il mio territorio? Da quello che ricordavo sapeva a malapena parlare, figuriamoci scrivere. Il collegio era troppo piccolo per entrambi, era il momento di vendicarsi, era il momento della Contessa di Montecristo.
Ma il duello finale tardava a compiersi: Roberto, infatti, non si era presentato il giorno dopo, né quello seguente. Non si era visto per tutta la settimana, era riapparso una mattina in cortile, se ne stava in disparte a fumare, non mi aveva salutata e io avevo fatto altrettanto, di lui non mi importava niente, per quanto mi riguardava potevamo ignorarci fino alla morte.
Passato un mese dalla sua iscrizione, il preside mi aveva fatta chiamare per chiedere notizie sul suo articolo non ancora pubblicato, ma a nulla erano valse le mie giustificazioni, mi ero presa una severa strigliata.

«Mi meraviglio di te, Serena, è questa l'accoglienza che riservi ai nuovi arrivati? Roberto si sarà sentito intimidito, è un bravo ragazzo, è pur sempre il figlio della giudice Simonettis, vai a cercarlo e impara a essere più disponibile con il tuo prossimo».
Ero furibonda, e se il preside pensava davvero che Roberto Simonettis fosse intimidito da me era evidente che non lo aveva mai visto maneggiare megafoni e uova. Sulla sua discendenza potevamo discutere a lungo, aveva preso il cognome di sua madre perché nessuno sapeva chi fosse suo padre, era cresciuto con i nonni, ricchi commercianti ed ex militanti del PCI che avevano sempre assecondato ogni suo capriccio da bulletto fin dall'asilo, dove lo avevo incontrato per la prima volta e dove era solito chiamarmi «pisciasotto».

Per quanto fosse incredibile, era evidente che il suo status vantasse dei diritti persino nel neutrale Collegio Pitié. La vita era ancora una volta ingiusta, ma non potevo farci niente.
Sbattendo la porta della presidenza mi ero precipitata in cortile, dove sapevo di trovarlo. Avevo gironzolato per un po' ma, alla fine, l'avevo individuato grazie alla nuvoletta di fumo. Non era in cortile, era seduto sui gradoni della tribuna dei campetti di calcio, a fissare il vuoto, e non si era girato a guardarmi neanche quando i passi dei miei anfibi si erano fatti più prepotenti.
«Ascolta, Roberto, se non vuoi più scrivere l'articolo va bene, ma devi dirlo al preside, non posso rimetterci io per colpa tua».
Lui si era voltato lentamente e mi aveva risposto calmo.
«Senti, monachella, mia madre mi ha costretto a stare qui per comprarmi un diploma, non me ne frega niente del vostro giornalino di parrocchia e delle preghierine, ma non andrò a parlare di nuovo con quel pelato del preside. Soprattutto non per salvare il tuo culetto, capito?».
Perché non mi ero portata dietro delle uova? O dei sassi? O il mio arco? Quanto avrei voluto infilzarlo da parte a parte, ma dovevo

trattenermi, giocare d'astuzia e tentare di fare il suo gioco.
«Neanche a me frega niente delle preghierine, peccato perché pensavo di assegnarti la recensione de *I diari della motocicletta*, vorrà dire che la scriverò io».
«E che sarebbero *I diari della motocicletta*?», aveva risposto lui, da prevedibile tonto quale era.
«Ma come, ti vesti al buio la mattina? Forse sarebbe più onesto che indossassi una maglia con su scritto: "Scuola privata scuola per ricchi"», lo avevo sfidato indicando la sua t-shirt di Che Guevara.
«E tu mangi yogurt scaduto la mattina? Perché non impari a rilassarti? Ecco, tieni, ti faccio un bel regalo», e rovistando nella tasca dei pantaloni militari, aveva afferrato qualcosa di piccolo, scagliandomelo, con arroganza, all'altezza dello sterno. Una pallina tonda e marroncina, dall'odore inequivocabile. Era palese, Roberto pensava che il mondo fosse un immenso circolo del tennis, con lui al centro, circondato da una distesa di solerti e ossequiosi raccattapalle.
«Non ho bisogno di questo schifo! Mantengo la mente lucida per andarmene da qui e non avere più a che fare con gente come te».
Intanto gli avevo rispedito il "regalo" e, prima di voltargli le spalle, avevo aggiunto una specie di intimidazione.
«L'articolo è assegnato a te, almeno duemila battute. Lascialo sulla scrivania dell'ufficio, se non lo consegnerai sarà solo affare tuo. E non azzardarti a copiare, leggo qualsiasi cosa tu possa comprare in un'edicola».
Lui aveva riso di gusto, con quel ghigno ebete che si ritrovava e mi aveva risposto: «Amen!»

La recensione de *I diari della motocicletta*, come previsto, non era arrivata. Quando incrociavo Roberto nei corridoi, durante il cambio d'ora, o in palestra o in auditorium, tentavo in ogni modo di evitarlo, per non irritarmi. Su di lui iniziavano a girare molte voci. Si diceva che avesse messo in piedi una piccola attività commerciale nel bagno dei maschi, e a giudicare dall'odore degli abiti dei miei

compagni di classe, sembrava un'attività di successo.
Michele negava, diceva che era il fertilizzante per le rose, anche se eravamo a dicembre e il fertilizzante aveva misteriosamente scelto di imprimersi solo sui tessuti maschili.
Qualcosa puzzava, e la puzza era arrivata anche alle narici del preside che aveva ordinato prima un'ispezione a sorpresa, poi aveva chiamato direttamente i Carabinieri.
Nel mio zaino avevano trovato, con mio sommo imbarazzo, solo i santini di San Giuseppe da Copertino, che suor Giuseppina continuava imperterrita a smerciare. Per il resto, nulla di nulla. Il collegio era più detox di un rehab svizzero e si preparava in serenità alle celebrazioni per il Natale.
L'ultimo giorno prima delle vacanze era tradizione guardare tutti insieme un film, Don Marco per quell'anno aveva scelto *State buoni se potete*, la vita di San Filippo Neri interpretata da Johnny Dorelli. L'anno prima ci era toccato *Genesi: La creazione e il diluvio*, di Ermanno Olmi, un vero mattone. Non eravamo, perciò, molto fiduciosi, ma *State buoni se potete* era irresistibile, talmente divertente che dall'ultima fila si sentiva addirittura ridere e applaudire Roberto.
Ogni volta che il furbo Cirifischio, il protagonista del film, cadeva in qualche tranello, o cedeva davanti a una pericolosa debolezza, una tentazione che metteva a rischio la sua vita, don Filippo gli mollava un non-politicamente-corretto e sonoro ceffone, e poi gli diceva: «Ah, ma non l'ho dato mica a te, l'ho dato al diavolo».
Il finale era stato un po' malinconico, il buon Cirifischio a forza di cedere e lasciarsi andare, malgrado i consigli e gli avvertimenti, non aveva fatto una bella fine.

Fuori, nel frattempo, aveva nevicato e il cortile del collegio era rivestito di un candido manto bianco. Don Marco, che sapeva sempre come risollevarci il morale, non aveva perso tempo e, sfruttando il momento propizio, ci aveva sfidato a una battaglia a palle di neve.

«Terzo liceo! Se sarete bravi agli esami, questo sarà il vostro ultimo Natale al collegio, venite a godervelo!».

Non solo il terzo liceo, ma l'intero collegio si era fiondato fuori, e anche i seminaristi, udite le nostre grida di gioia, avevano abbandonato le loro stanze per farci compagnia e divertirsi; con i loro lunghi abiti neri fluttuavano felici in quel bianco immacolato come nelle foto coi "pretini" di Mario Giacomelli.

Qualcuno aveva tirato fuori il vecchio slittino della palestra, qualcuno si abbracciava, qualcuno piangeva, altri cantavano, io ero scivolata, ma ero stata prontamente soccorsa da Roberto, che risollevandomi gentilmente, mi aveva chiesto: «Ti sei fatta male?»

Che strana e intensa giornata era stata, dopo aver scambiato gli ultimi auguri e saluti di rito con professori e bidelli, con gli abiti ancora inumiditi dal ghiaccio, ero passata negli uffici del giornalino a prendere le mie cose.

Sulla scrivania avevo trovato un floppy disk e un foglio. Era l'articolo di Roberto e sopra c'era scritto, a mano: «Sei più carina quando sorridi che quando ti arrabbi». Un vero miracolo di Natale.

Mi ero portata a casa la recensione de *I diari della motocicletta.* A me quel film non aveva fatto impazzire, anche se era stato presentato al Sundance Film Festival; lo avevo trovato noioso, patetico e ridondante, ma non lo avrei mai confessato. Primo perché era impopolare parlare male di Che Guevara, secondo perché se ne avessi parlato male sul giornalino del collegio avrei attirato le solite critiche anticlericali.

Ma la Chiesa non c'entrava niente, per me era semplicemente un film mediocre e basta, un film mediocre che non potevamo non recensire, vista la fama che aveva guadagnato quell'anno, così lo avevo assegnato a Roberto. Sapevo che ne avrebbe parlato bene e ci avrebbe, così, tolto dall'imbarazzo.

Dalle prime righe avevo subito notato che la recensione l'aveva davvero scritta lui: la grammatica era quello che era, la sintassi molto confusa, ma i concetti c'erano e rischiavano di essere realmente sovversivi:

I diari della motocicletta, di Roberto Simonettis
Chi è Che Guevara? Partiamo dal fatto che se questo tizio non fosse stato intervistato da un altro tizio strabico che era francese e pure ricco, insieme a sua moglie che, però, non era sua moglie e non dormivano insieme, ma andavano a letto con le minorenni, che plagiavano, neanche saremmo qui a parlarne (nota: non ricordo i loro nomi ma mio nonno li nomina sempre, e tu in ufficio stavi leggendo un libro di lei). I due, non marito e non moglie, intelligenti e infelici, disprezzavano tutti perché erano stati bullizzati da piccoli e volevano vendicarsi facendo diventare infelici anche gli altri. Così hanno fatto credere all'Europa che Ernesto Guevara era un genio, anche per farsi una vacanza a scocco a Cuba. In questo film non si parla di questi due francesi tristi, ma del fatto che il Che, quando aveva ventitré anni, ha fatto un bel viaggio in moto con un suo amico scienziato che è ancora vivo, viaggiava e pensava. L'utopia di un Sudamerica unificato e libero sarebbe bella se poi Ernesto Guevara, in realtà, non l'avesse solo usata come scusa per spassarsela con le donne e i sigari che rubava a Fidel Castro, che probabilmente lo ha fatto ammazzare. Ha messo al mondo cinque figli legittimi e chissà quanti illegittimi senza mai curarsene, non ha sanato le disuguaglianze economiche e sociali del Sudamerica, ma ha contribuito ad aggravarle, imprigionando centinaia di omosessuali e religiosi in campi di lavoro, mandando migliaia di dissidenti a morire fucilati a "el paredon", senza neanche un processo e costringendone altrettante migliaia a scappare negli odiati Stati Uniti, per poter semplicemente vivere o seguire una messa in santa pace. Svegliamoci! Il muro di Berlino è caduto da un pezzo! Questo film è più spazzatura del *Grande Fratello*, è schifosa propaganda. Ernesto Guevara non era un medico, era un assassino e la gente usa la sua faccia sulle magliette perché non bisogna pagargli i diritti d'immagine, dato che gli stava bene la barba e tutti sono fighi con il vento

tra i capelli su una motocicletta, ora ci fanno credere che fosse un santo. Ma vogliamo credere ai fatti o a quella coppia di vecchi pervertiti?
Ps: nel film ci sono dei bei paesaggi, ma li trovate uguali sull'Atlante.
Voto: 0/10
(Nota: va bene così lungo l'articolo?)

Ero scioccata, chi era davvero Roberto Simonettis? Un ragazzo che indossava una maschera? Un ragazzo che stava rinnegando tutto ciò in cui credeva? Ma ci aveva mai creduto? O aveva solo fatto finta di crederci? Anche per lui era faticoso omologarsi, come lo era per me?
L'articolo così com'era non si poteva pubblicare, era imbarazzante, era rozzo, era sgrammaticato, ma non vedevo l'ora di potergliene parlare e, magari, trovare qualche compromesso che non snaturasse del tutto le sue idee. Mi ero resa conto di non avere il numero di telefono di Roberto, non era sull'elenco e un po' mi vergognavo a chiederlo in giro a quelli della scuola, non ci eravamo neanche scambiati gli auguri l'ultimo giorno, mi aveva solo aiutata a rialzarmi e poi si era tuffato nella neve.

Con Roberto non ho più potuto parlare del suo articolo. Durante le feste era stato tradito da un regalo di Natale, anzi, di Capodanno. Quella notte, nel corso di un party in una lussuosa villa fuori città, gli era stata offerta una mezza pasticca di ecstasy che gli aveva procurato un'epatite fulminante da MDMA. Si era sentito male in bagno, ma la musica era troppo alta e i suoi amici troppo sballati, nessuno lo aveva soccorso e lo avevano trovato solo la mattina dopo, privo di vita.
La droga aveva messo fine ai giorni di Roberto. Dopo il funerale se ne parlava continuamente, delle droghe, delle dipendenze, tante, diverse, che ti corrodono lentamente e ti portano via la voglia di vi-

vere. Con il ritorno a scuola mi ero rinchiusa nel silenzio, negli uffici del giornalino, cercando di non pensare troppo. Non mi andava di rimuginare, di riflettere sulle cose che tutti ripetevano: l'ingiustizia, le scelte sbagliate, le cattive compagnie, la misericordia di Dio. Sapevo solo che Roberto voleva vivere e forse smettere di seguire la corrente, invece era morto a 18 anni in un bagno, da solo.
E io, volevo vivere? Sì, volevo vivere abbastanza per scappare, per realizzarmi, e non ci sarebbe stata sostanza o regalo che mi avrebbe fatta desistere. Non ero come Roberto, io ero immune alle droghe, alle cattive compagnie, ai fidanzati, ai mariti, al matrimonio, ai figli. Non correvo pericoli, ero, e sarei stata, invincibile.
Era iniziato il nuovo anno, l'anno della maturità, bisognava mettere da parte le paure e continuare a perseverare. Non ero come Roberto. Io, quella corrente, volevo seguirla e non risalirla, e come prima cosa avevo scritto e fatto pubblicare, a mio nome, una nuova recensione de *I diari della motocicletta*, voto 10/10.
La mia droga era l'approvazione degli altri.
In un cassetto conservo ancora la recensione di Roberto, insieme al biglietto e al floppy disk. Nel cuore rimane quel gesto gentile, con il quale mi tende la mano, e nella testa ho il rimpianto di non essere mai riuscita a parlare davvero con lui o, forse, di non averglielo permesso.
Tuttavia, se me lo trovassi davanti adesso, su quel manto di neve bianco e immacolato, non gli direi niente, gli darei solo un sonoro ceffone, ma non a lui, al diavolo.

8.
SCHOPENHAUER E LA SIGNORA DEL DADO

A furia di seguire la corrente, e continuare a scrivere cose in cui non credevo, avevo finito per vincere un concorso letterario.
Uno di quelli piccoli (vi do un indizio, non era lo Strega) ma abbastanza Radical Chic per ricevere un invito nel salotto di Franco Cuccurullis, il presidente del concorso, un eccentrico professore universitario, filosofo, critico cinematografico e mecenate napoletano che, come i Jetsons, vegliava indefesso sull'intelletto dei suoi concittadini.
Ma guai a chiamarlo salotto: Franco Cuccurullis lo definiva una «piccola terrazza eno-reazionaria». Avevo letto di lui sul trafiletto di qualche giornale, veniva presentato come un facoltoso e gaudente scapolo, non giovane ma giovanile, un padrone di casa selettivo che, ogni mercoledì sera, sulla sua bella terrazza di Posillipo, intratteneva fortunati prescelti, tra cene lucullìane e spettacoli a sorpresa. Non era scritto, ma fra le righe si intuiva che Franco Cuccurullis era considerato una delle eminenze grigie dell'editoria italiana.
L'articolo parlava anche di ferree regole da rispettare, senza menzionarle. Il mio invito, consegnatomi insieme alla targa del premio, riportava la data di quel mercoledì sera, un orario, un indirizzo e un perentorio «no accompagnatore».
A parte queste scarne informazioni, non avevo idea di come si svolgessero gli incontri, sulla terrazza vista mare di Franco Cuccurullis vigeva il più assoluto riserbo.
Sulla chat di MSN avevo inviato una richiesta d'aiuto last minute alle mie amiche, che non conoscevano la terrazza. Solo Susanna, una mia collega di università che aveva partecipato con me al concorso, mi aveva raccomandato, sibillina, di tenere d'occhio il nipote di Franco Cuccurullis, aggiungendo l'enigmatica emoticon di

una faccina dalla bocca cucita.
Tra risatine virtuali e commenti sarcastici, le amiche avevano chiuso la conversazione con un incoraggiante messaggio: «Ma che vuoi che sia? Al massimo ti ritroverai in *Eyes Wide Shut*, con Nino d'Angelo al posto di Tom Cruise».
Molto spiritose, ma ormai l'ora X si avvicinava e non c'era più tempo per pensare a quanto fosse crudele e imbarazzante non conoscere nessuno. Come ultima spiaggia mi ero rifugiata nei consigli di mamma e nonna, ricavandone un saggio: «A casa delle persone non ci si presenta mai a mani vuote».

Mi ero portata dietro una confezione di tre bottiglie di Greco di Tufo, trafugate tempo prima dalla cantina di mio padre, e un enorme carico di aspettative che, al primo squillo di campanello, si erano scontrate subito con la realtà.
«Oh, che peccato, lo zio beve solo il rosso», con questa frase mi aveva accolto Angelo, il nipote di Franco Cuccurullis, aprendomi la porta.
Angelo lo conoscevo già, solo di vista, seguiva con me e Susanna i corsi di filosofia e letteratura comparata, era il tipico giovane-vecchio, dall'età indefinita, a causa di un problema di forfora e alitosi, e della sua predilezione per l'abbigliamento total black, era tristemente conosciuto in classe con il soprannome di «Angelo-della-morte».
Sapevo che fosse l'erede di un'influente famiglia di baroni universitari, ma non (come avrei scoperto in seguito) che fosse anche il figlio di Elettra Cuccurullis, dirigente televisiva e sorella di Franco Cuccurullis.
Non ero neanche riuscita a presentarmi e già mi era chiaro cosa intendesse Susanna con la sua faccina dalla bocca cucita.
«Ascoltami bene, da ora in avanti potrai aprire bocca solo se ti sarà concessa la parola da un membro più anziano. Non importa che tu sia vegetariana, celiaca o intollerante al lattosio, qui mangiamo

tutti le stesse cose, è una questione morale, non potrai lasciare la casa prima della fine dello spettacolo. Sei pregata di consegnarmi il telefono, seguirmi, e prima che tu lo chieda, il bagno è in fondo a sinistra».

Porgendomi un grande cesto berbero, traboccante ogni tipo di apparecchio digitale, Angelo-della-morte continuava a fissarmi col suo sguardo spazientito, intuendo la mia esitazione. E così, non troppo convinta, avevo mestamente deposto il cellulare e abbandonato il Greco di Tufo nell'angolino dell'ingresso, insieme ad altre decine di cadoux.

«Susanna mi ha detto che hai frequentato un collegio cattolico. Di solito lo zio diffida dalla gente che si è formata nelle scuole dei preti, e anch'io, ma il tuo racconto faceva meno schifo degli altri e ho voluto mettere una buona parola per te».

Mentre lo seguivo lungo il corridoio ripetevo bene a mente di non parlare, non sbagliare, non essere me stessa. La mia reputazione, la mia felicità, la mia vita sarebbero dipese da quella serata. Ma quanto era lungo questo corridoio?

Finalmente un vociare conviviale aveva rotto il silenzio. Prima che potessi fare il mio ingresso trionfale nel salotto e mischiarmi agli altri eletti, ero stata prontamente dirottata nella cucina, dove ero attesa.

«Zio, è arrivata la ragazza del concorso».

Ed eccolo lì, Franco Cuccurullis, bardato dalla testa ai piedi come uno chef stellato, se ne stava in piedi davanti all'isola di marmo bianco della sua cucina ultramoderna. Destreggiava in modo maldestro un minipimer, lo stringeva con forza, con entrambe le mani, torturando qualche misterioso cibo in scatola che pretendeva di frullare direttamente nella lattina.

Prima che potesse voltarsi, la mia gamba era stata presa d'assalto da un piccolo cane nero, davanti al quale l'impassibile Angelo-della-morte si era insperatamente lanciato in una serie di gaie effusio-

ni. «Ti presento Mao, l'unico Mao che fa bau» e, sghignazzando, mi aveva messo in braccio il povero, grazioso, Mao, che seguendo la regola dell'assonanza tra cane e padrone, era uno Schnauzer nano dall'alito pestilenziale.
«Angelo, porta via questa bestia fetida dalla mia cucina!».

In meno di un secondo ero rimasta da sola con Franco Cuccurullis, l'eminenza grigia dell'editoria italiana. L'uomo che avrebbe potuto cambiare la mia vita era lì davanti a me e io ero lì davanti a lui. Chissà a quante stanze dei bottoni poteva accedere, chissà quante porte avrebbe potuto aprirmi, chissà quanti consigli avrebbe potuto darmi.
Quella sera, però, mi diede solo il minipimer e un grembiule con su scritto: «Sarò Franco».
«Vediamo di sbrigarci, gli ospiti hanno fame».
Non me lo aspettavo, ma doveva essere una di quelle prove tipo massoneria. Forse era così che si veniva iniziati, era giusto, bisognava cominciare dal basso. Anche Raymond Carver aveva cominciato dal basso, mi ero detta, e se questa era la strada per il successo, avrei frullato a dovere, sarei stata la Rembrandt del minipimer.
La cena luculliana di Franco Cuccurullis consisteva in scatole e scatole di lenticchie di discount che riportavano la targhetta di un ente benefico. La poltiglia vermiglia veniva poi innaffiata con del salatissimo brodo bollente, ricavato da un noto marchio di dadi da cucina. Ogni porzione doveva servire almeno quattro piatti, niente olio, né spezie, si era raccomandato, parsimonioso, il padrone di casa.
«Non osare cambiare una virgola, avrai l'onore di assaggiare una mia ricetta, collaudata dai tempi del Maggio Francese, ho conquistato anche Brigitte Bardot con la mia Crema Rossa».
Crema Rossa, questo era il nome della prelibata pietanza. Alla cinquantesima lattina avevo dato prova di abilità riempiendo non quattro, ma cinque piatti a porzione. Il povero minipimer iniziava a

dare segni di cedimento, emanava odore di bruciato quando Franco Cuccurullis, positivamente impressionato dalla mia parchezza, mi aveva finalmente accordato il diritto di parola.

«Allora, ragazza che sa allungare così bene il brodo, a chi appartieni tu?».
«Prego?».
«Chi sono i tuoi genitori? Di cosa si occupano?».
«Sono insegnanti».
«Ma va! In che università insegnano?».
«Non insegnano in università».
Era seguito un lungo e imbarazzante silenzio durante il quale mi chiedevo se sarebbe stato meglio dichiararsi orfana.
«Ah, statali ordinari, dunque. Come diceva il mio amato Schopenhauer, le donne senza ereditarietà sono le migliori. Hai vent'anni, un naso perfetto, se ti levi di dosso quell'odore di sacrestia e usi con gli uomini la stessa manualità che hai con il minipimer, farai molta strada, come Elsa Morante. Un po' puttanella, un po' santarella, questo è il segreto. A proposito, ho apprezzato il tuo racconto sulla sirena nera bisessuale, aveva il fascino della Chimera. Il mio consiglio è: sii più Chimera e meno "Nostra signora del dado". A proposito, guarda un po' questa qua quanto ti somiglia, avete pure lo stesso maglioncino».
E lanciandomi la confezione del noto marchio di dadi da cucina era scoppiato in una gran risata.
Non avevo la più pallida idea di cosa stesse parlando. Quale sirena nera bisessuale? Il mio racconto era ambientato in montagna, la sua allusione, poi, mi aveva lasciata completamente interdetta, ma non mi era rimasto molto tempo per riflettere. Dopo il cibo era stato il turno del vino, rigorosamente rosso come piaceva a Franco, il quale mi aveva passato un imbuto per travasarlo da cartoni a bottiglie in vetro con l'etichetta «Cantina Cuccurullis».
«Muoversi, Signora del dado! Corri a servire i tavoli!».

Avevo in mano quattro piatti di plastica ustionanti ed ero corsa via, cercando di sbrigare il mio dovere il più in fretta possibile.
Mi guardavo intorno spaesata, la sala era gremita, di persone adulte per lo più, anzi, osservando meglio, sembrava avessero tutti la stessa età. Avevo riconosciuto alcuni volti noti, attori, attrici, di cinema e teatro, politici e scrittori locali, cercavo di aprirmi un varco tra di loro senza inciampare nel caos dell'arredamento stravagante e pieno di cianfrusaglie.
Vecchi giornali, bicchieri, rimasugli di cibo, posaceneri e mozziconi di sigarette abbandonati un po' ovunque, campeggiavano sulle mensole e lungo il battiscopa.
I flipper e i biliardini, più di uno, erano in bella mostra e le loro luci colorate stridevano accanto ai mobili e ai quadri antichi, di cui le pareti erano ricolme. Accanto ai tavoli spiccavano i cartonati di filosofi più o meno contemporanei. Io ero stata assegnata al tavolo Nietzsche, dove ero riuscita a sedermi dopo circa un'ora. Le mie mani, a quel punto, erano talmente piene di bolle da non riuscire quasi a muovere le dita.
Già dall'aroma, la Crema Rossa sembrava una brodaglia immangiabile e, al primo assaggio, ne avevo avuta la conferma. I commensali, però, ne sembravano entusiasti, la assaporavano lentamente, a occhi chiusi, come fosse cibo afrodisiaco. Ovunque era un tripudio di «delicatissima», «squisita», «meravigliosa». Le lodi per Franco Cuccurullis si sprecavano e a lui erano dedicati continui applausi e brindisi.
Gli ospiti facevano a gara per attirare le sue attenzioni, ma l'interesse di Franco era rivolto esclusivamente a suo nipote Angelo che avrebbe inaugurato la serie di reading serali.
«E adesso, miei cari franchini (chiamava così i suoi adepti), il nostro Angelo ci delizierà con un suo racconto inedito, una rivisitazione in chiave moderna della *Justine* del Marchese de Sade. Come tutti voi certamente ricorderete, la storia parla di una virtuosa e sciocca ragazza cattolica, le cui doti sono completante inutili a questo mondo

e, invece di seguire insensati imperativi morali, avrebbe fatto meglio a cedere al vizio, come la di lei più intelligente sorella Juliette. Per la bigotta Justine non va a finire bene, la prova che la selezione naturale esiste, ed è sempre vincente».
Il racconto di Angelo-della-morte era paragonabile alla Crema Rossa, una mistura insapore di splatter, sadismo, blasfemia, perversioni e sentenze anticlericali che lui, con istrionica gestualità e la faccia paonazza, sputava all'aria, raccogliendo, tronfio, le acclamazioni degli astanti.

Era passata un'altra ora e nessuno mi aveva ancora rivolto la parola. Il mio disagio e la mia agitazione crescevano mentre addentavo avidamente grissini sottomarca, anche quelli provenienti dall'ente benefico. Nel frattempo avevo avuto modo di osservare meglio i commensali, esemplari che sembravano fatti con lo stampino: emaciati, minimalisti dalla erre moscia e l'aria da bonzo, adornati di monili etnici e sciarpe tibetane.
Lì in mezzo ero una mosca bianca, o meglio gialla, indossavo un maglioncino di Zara color canarino e non avevo l'aspetto deperito, anzi, dopo tutti i grissini e il vino acido, la mia ritenzione idrica era schizzata alle stelle. Che non potessi parlare era un fatto marginale, per motivi di bilancia e dress code non avrei comunque potuto decidere insieme agli altri quale fosse la cultura giusta da imporre a tutti.
Mi sentivo come una di quelle turiste nipponiche degli anni '90, con il pass ospiti e la Kodak usa e getta al collo.
Rimanevo in disparte, osservavo e ascoltavo con attenzione, in silenzio, i reading degli altri, mentre Angelo-della-morte passava a riscuotere una donazione di dieci euro, «un contributo per il regalo di compleanno per Marisol, la cameriera filippina». Al mio tavolo, casualmente, nessuno aveva contanti, ed ero stata l'unica a versare i soldi nel cestino. Useranno tutti la carta, mi ero detta.
Per il resto il clima era da balera, euforico e pretenziosamente in-

formale, il vivace milieu culturale era cementato da edificanti discorsi sulle diete delle signore, sui film di Takeshi Kitano, su “la petite mort” (detto volgarmente: «Esisterà mai questo punto G?»), sul celebrare qualsivoglia artista avesse deciso di mettere volontariamente fine ai suoi giorni, e sull’ossessione per le due fulgide stelle polari che brillavano sull’oscurantismo del pensiero occidentale: Nietzsche e Schopenhauer.

Nietzsche, che i veri virtuosi pronunciavano NICCE, era senz’altro l’idolo delle masse, ma c’era anche chi era scettico rispetto al suo contributo, qualche povero temerario che osava ricordare che il pensiero filosofico si era evoluto nel corso dell’ultimo secolo, ma veniva presto liquidato. «Lo male interpreti, caro, stai scambiando Nietzsche, o meglio il suo pensiero, per la causa della crisi che lui in realtà voleva solo analizzare e superare e poi lo sanno tutti che i suoi ultimi scritti sono stati manomessi dalla sorella».

Io provavo solo pena pensando al povero Nietzsche che urlava per le strade di Torino abbracciando e baciando il cavallo, «anche se è una diceria». In quanto a Schopenhauer, i troppi soldi lasciatigli dal padre suicida gli avevano permesso di crogiolarsi in una bolla di misantropia; lo ritenevo, per principio, un ciarlatano (lui, non Hegel), inattendibile e deprimente. Roba da Emo.

Facevo male anche solo a pensarlo: dopo Diego Armando Maradona e l’onestà intellettuale, nelle stanze napoletane, Nietzsche e Schopenhauer erano di sicuro le entità più difese, a priori, della storia. Due veri geni di critica e di rottura. Lo pensavano e non sarebbe stata certo una femminuccia come me a far cambiare loro idea, tanto più perché non potevo parlare.

Su un’altra cosa erano tutti d’accordo: non chiamavano quelli che non erano allineati con la loro opinione ignoranti e fascisti ma «analfabeti funzionali» e riconoscevano in loro la fonte dei mali primari, insieme al denaro e alla corruzione.

Fortunatamente, tutti fingevano di ascoltarsi così da non captare le

soventi contraddizioni in cui cadevano a vicenda; questo permetteva al precario ecosistema dei franchini di sopravvivere e prosperare.
Intanto, i reading non finivano più: era ora il turno di noiose poesiole che facevano il verso a Sandro Penna.
Una cappa plumbea era scesa sulla terrazza, iniziavo a capire come mai Franco la chiamava «eno-reazionaria»: senza l'alcol sarebbe stato impossibile resistere a quelle serate. A ogni riverbero del microfono (come al karaoke) le mie palpebre si facevano più pesanti e rimanere sveglia diventava un'impresa.
Era ormai chiaro che nessuno si sarebbe messo a cantare gli Abba, quando Franco Cuccurullis, per risollevare gli animi, aveva dato il via a una fazzolettata a suon di *Bella ciao.*
Era ora di reagire.
Urgeva correre nel bagno a sinistra, sciacquarmi la faccia e tentare di riprendere i sensi.
«Mamma che aspetto orrendo che ho», mi ero detta avanti allo specchio portandomi le mani sugli occhi, per non guardarmi. Tutto sembrava spegnersi, rimaneva solo un puntino giallo che si ingrandiva, si espandeva, si deformava.
Non ero più io, era lei, la signora del dado.

La signora del dado la conosciamo tutti, è quella graziosa signora che, dalla notte dei tempi, campeggia a mezzo busto sulle confezioni di un noto marchio di dadi da cucina.
Ha un'età compresa tra i 18 e i 60 anni, la stessa messa in piega della regina Elisabetta, orecchini e collana di perle, unghie ben smaltate e un maglioncino giallo.
Giallo canarino, cioè un colore che se non sei Naomi Campbell, o un canarino, nessuna mortale potrà mai permettersi di indossare.
La signora del dado, coraggiosamente, o incoscientemente, lo indossa, sorridendo con in mano il suo cucchiaio ricolmo di prelibatezze, pronta a sfamare una ventina di colleghi di lavoro di suo

marito, o gli amici dei figli che si presentano a casa sbronzi dopo aver fatto “after”.
La signora del dado non si scompone, sorride sempre, non ha opinioni, vive inconsapevole nella caverna platonica dove cucina per tutti, lava per tutti, stira per tutti, spolvera per tutti, tutto il giorno tutti i giorni, e dopo la spesa esce di casa solo per seguire la messa o andare in pellegrinaggio al Santuario di Oropa.
Sì, perché la signora del dado è inequivocabilmente cattolica, ed è rassicurante, tranne quando alcune idee troppo emancipate, tipo donne che cambiano da sé una gomma dell'auto, la destabilizzano; è allora che, facendosi il segno della croce, minaccia di picchiare tutti con il cucchiaio e ricorda ai figli che andranno all'inferno se dimenticheranno di recitare la preghiera prima dei pasti.
La signora del dado sono io.
Ma, un momento. Ecco che si avvicina. È furibonda. Vuole picchiare anche me. No, signora del dado, non ho nulla contro di te. Anche a me piace tanto il tuo brodo, lo uso quando vado di fretta, certo va bene anche per le cene eleganti, ma ormai chi le fa più le cene eleganti? Ti prego, non picchiarmi! No! No! Noooo!

Gli scroscianti applausi e inni di gioia per la fine dei reading mi avevano riportata in sala, ero salva, la signora del dado era stata solo un brutto sogno, ma per sicurezza mi tastavo i capelli per controllare la cotonatura.
Angelo-della-morte ripassava tra i tavoli reclamando un'ulteriore offerta di dieci euro, volontaria ma praticamente obbligatoria, per sostenere la causa di questo o quell'altro intellettuale/artista partenopeo, che si spendeva tanto per la città ma poi chissà come mai non era presente alle cene (forse semplicemente perché preferiva non vivere a Napoli).
Per questa offerta tutti avevano i contanti.
Finalmente era giunto il momento dello spettacolo a sorpresa, Franco Cuccurullis aveva preso la parola.

«Carissimi, da critico cinematografico non potevo lasciarmi sfuggire il film del momento, un gioiello della settima arte latinoamericana. Vi confesso di averlo già visto in anteprima ma, adesso, potrò gustarmelo meglio insieme a voi, grazie al mio nuovo proiettore. Ebbene sì, mio nipote Angelo ha scaricato l'introvabile *Noche Prohibida* di Carmelita Perez, una pellicola necessaria, emozionante, coraggiosa, in cui la protagonista è in stato di grazia, non si è risparmiata e si è molto esposta. Un'interpretazione da Oscar che, seppur sofferta, ha l'happy ending che piace a tutti noi, e non aggiungo altro. Buona visione a tutti!».

Il film di Carmelita Perez non era un film, ma il sex tape amatoriale di una celebre showgirl colombiana, diffuso a sua insaputa dall'ex fidanzato in cerca di soldi. In quel preciso istante Carmelita Perez era ricoverata in un reparto di rianimazione per tentato suicidio e versava in condizioni disperate. Ogni sforzo della polizia postale era stato inutile. Per quanti siti venissero oscurati, il video era continuato a circolare in rete, sui cellulari e persino sulle pagine social di noti e note blogger politicamente impegnati, che si contendevano il primato sulla diffusione. Dopotutto, sostenevano, si trattava pur sempre di una sudamericana che sculettava in perizoma in tv, che differenza poteva fare vederla senza quelle due strisce di stoffa che indossava normalmente?

Solo le grida e il pianto disperato della madre di Carmelita, che implorava al telegiornale pietà per la figlia morente, avevano smosso un po' gli animi, ma non a terrazza Cuccurullis, dove gli animi erano elevati e l'annuncio del film era stato accolto con una standing ovation. Uomini e donne di tutte le età (gli stessi che oggi si battono a favore del Me Too e contro il revenge porn) si dimenavano eccitati come ragazzini all'idea di vedere esibite le grazie della povera Carmelita Perez.

Io quella visione non potevo sopportarla, mi tremavano le gambe e quando le luci si erano spente, colta da un attacco di panico, ero

fuggita istintivamente verso la porta d'ingresso.
Avevo appena ripreso il mio cellulare e aperto l'uscio quando la mia caviglia era stata addentata da Mao, un morso ben assestato, che mi aveva messa al tappeto (persiano). Lì a terra ero stata sopraffatta dalla voce di Angelo-della-morte che mi aveva raggiunta minaccioso, ordinandomi di ritornare sui miei passi.
«Se uscirai da quella porta ti garantisco che non metterai più piede qui dentro».
Ora, c'erano molti modi per ribattere adeguatamente a quell'intimidazione.
Ad esempio:
«Me ne vado perché tuo zio Franco crede di essere franco e invece è solo un maleducato e un gran porco, con tutto il rispetto per i porci».
«Me ne vado perché la cosa più di sinistra che c'è in questa casa è il bagno».
«Me ne vado perché quando sant'Agostino parlava del vuoto si riferiva a questo salotto».
«Me ne vado perché in questa casa prendete ancora lezioni da Nietzsche e Schopenhauer. Entrambi avevano perso il padre, avevano in odio le loro madri e il genere femminile, erano quindi due… com'è quella parola? Quella che inizia con la emme, che però solo con certi pensatori non si può usare, perché "bisogna contestualizzarli nel loro tempo?". Ah sì, due misogini, come tutti su questa dannata terrazza».
«Francamente me ne infischio».
Avrei potuto scegliere una sola di queste frasi che mi balenavano in testa e andarmene conservando la dignità, ma la verità è che sono rimaste solo belle parole, aria, esprit de l'escalier, la spiacevole sensazione che provo adesso per il rimorso di non averle usate in quel momento, nel quale avevo invece scelto di rimanere in silenzio e subire inerme le provocazioni di Angelo-della-morte.
«Se non sei in grado di apprezzare la goliardia, l'ironia e la convi-

vialità, te ne tornerai da dove sei venuta, e la prossima settimana al posto tuo ci sarà la tua amica Susanna, che non ha il bel musetto che hai tu, ma è sicuramente più sveglia di te, come Juliette, e scrive di sirene nere bisessuali invece che di educande montanare. Ti assicuro che ti faremo terra bruciata intorno, lì fuori è pieno di gente rovinata dai Cuccurullis. Rimarrai nella tua vita ordinaria, con la tua famiglia ordinaria, scriverai nei ritagli di tempo per riviste di serie zeta e sarai come tutti gli altri, quelli che ci provano, faticano, ma alla fine non arrivano mai. A un certo punto non saprai che fare della tua vita, il massimo della soddisfazione per te sarà laurearti, farti una scopata il venerdì, mangiare la pizza il sabato e, tra qualche anno, sfornare un paio di figli. Allora sì che non avrai più tempo per scrivere, ingrasserai e mollerai definitivamente tutto, perché non conta abbastanza realizzarsi nella vita. A che serve quando potrai essere la moglie di uno che paga il mutuo e la madre di adorabili marmocchi che a dodici anni ti odieranno e parleranno male di te all'analista? Sei una brava bambina, sai fare bene i compiti, ma nulla di più, e lo sai. Vuoi essere ricordata solo come una che ha fatto le scuole dai preti?».
Colpita e affondata.

In un minuto Angelo-della-morte si era insinuato, come veleno di vipera, nelle più piccole crepe, nelle insicurezze, nelle antiche paure che mi paralizzavano. Un essere meschino, disgustoso, infame, abominevole, fetente, mi appariva adesso come il detentore di odiose verità.
Non importava quante citazioni filosofiche conoscessi a memoria, a quanti concerti di Arvo Pärt millantassi di aver assistito, quanto apprezzassi Herzog e quante notti insonni trascorressi in compagnia dei film di *Fuori Orario*, se me ne fossi andata sarei sempre stata la signora del dado.
Avevo scelto di restare e, nel richiudere la porta, stringendo i pugni per la rabbia, avevo sentito il mondo crollarmi addosso. Dalla sala

provenivano gemiti e schiamazzi di ogni sorta, incitazioni, grida, battute sarcastiche, si intravedeva anche un gruppo di franchini che mimava le scene del video. Di nuovo tornava ad assalirmi quel tremore alle gambe, più forte che mai. Mi ero accasciata sul parquet, al buio, lungo la parete del corridoio, sperando di non essere vista.
«Sta bene, signorina?».
Era Marisol, la signora che ogni giorno impediva che la casa di Franco Cuccurullis si trasformasse in una cloaca, impresa che godeva della mia più assoluta ammirazione. Marisol mi aveva aiutata a rialzarmi, mi aveva portata in cucina, mi aveva rianimata con acqua e zucchero e aveva disinfettato la mia ferita alla caviglia.
Era una donna minuta, vestita con tanto di crestina e abito bianco e nero, un'uniforme che faceva a pugni con le ideologie sciorinate dai franchini, uno di quei simboli ai quali era impossibile rinunciare, perché parte integrante del fascino discreto della borghesia.
Marisol portava al collo una medaglina miracolosa uguale a quella che avevo ricevuto in dono per la Comunione e che non avevo mai indossato. Aveva l'aria dolce e serena, la pazienza di chi doveva essere abituata a sopportare tante stranezze e una perseveranza in grado di pulire anche lo sporco più ostinato, come quello che c'era in quella cucina, in quella terrazza, in quegli animi. Marisol sembrava impermeabile al sudiciume, accanto a lei mi ero sentita di nuovo al sicuro ed ero rimasta in cucina, a scrostare insieme le piastrelle e persino la superficie dei lampadari pieni di schizzi di Crema Rossa.
«Marisol, so che tra poco è il suo compleanno. Come festeggerà?».
Le avevo chiesto per rompere il ghiaccio, ma lei mi guardava sorpresa.
«Il mio compleanno è tra sei mesi».
«Lasci stare, sicuramente ho sentito male», le avevo risposto per togliermi dall'imbarazzo.
«Non lo festeggio mai ma, se potessi, mi piacerebbe riabbracciare i miei figli e mia madre, vivono a Cebu e non li vedo da anni».

«Tra sei mesi sarà estate, Marisol, potrà ritornare a casa per una vacanza».
«Oh, il signor Franco non mi darebbe mai le ferie, non ho un contratto, se me ne andassi per un mese, lui troverebbe una sostituta e io non posso perdere questo lavoro».
Me lo aveva detto con un sorriso che non tradiva alcun rancore e io non ero stata in grado di aggiungere altro.

Come avevo avuto modo di scoprire in seguito, la colletta per il compleanno di Marisol era solo uno dei tanti pretesti per battere cassa e cercare di rientrare di ogni più misera spesa facendo, al contempo, sfoggio di beneficenza. Perché, nonostante i Cuccurullis fossero ricchi e potenti, a loro i soldi non bastavano mai, come non bastava primeggiare in università, in politica, nell'editoria, nei concorsi, sui giornali, in televisione, nelle associazioni. No, loro avevano anche, e soprattutto, bisogno di schiacciare sadicamente gli altri, specie i più piccoli, per sentirsi grandi e invincibili.
Quanto ai loro ospiti erano della stessa pasta, mai abbastanza facoltosi da rifiutare una cena, seppur scadente, a scrocco.
Queste cose, nonostante fossero palesi, non le avevo ancora capite, perché come diceva Angelo-della-morte, non ero una ragazza poi così sveglia, infatti morivo di sonno. Una volta a letto, quella sera, avevo pronunciato ad alta voce una preghiera, supplicando (non si sa chi) di reincarnarmi in una donna magra che amasse i gelati alla frutta e i film di Takeshi Kitano: questa era, nel «grande meriggio», la mia ultima volontà.

9.
OCCHIO MALOCCHIO

I Radical Chic, quando li guardi da vicino e li separi dal branco, non sono poi neanche tanto male. Alcuni sembrano addirittura simpatici.

Me lo ripetevo ogni mercoledì sera, prima di andare alla terrazza, anche se non avevo modo di provare la mia teoria, visto che, a parte un signore brillo (chi non lo era?) in cerca del bagno, nessuno mi aveva ancora rivolto la parola.

Nutrivo l'ingenua speranza che prima o poi qualcuno avrebbe letto il mio racconto, mi dividevo sconsolata fra la cucina e il salotto, tra creme gialle, verdi, marroni, arancioni, viola. Ognuna, a detta di Franco Cuccurullis, aveva conquistato una cantante, un'attrice, un'intellettuale, da Fernanda Pivano a Nico «o forse era David Bowie, ora non ricordo, sono stato grande amico di entrambi, ma con David ho rotto i rapporti dopo che ha plagiato una mia canzone. Quello che è sicuro è che con Nico abbiamo fatto del sesso spettacolare proprio sulla porta alle tue spalle».

Il padrone di casa era sempre in bilico tra ira ed euforia, aggrediva bestemmiando chi provava a nascondere in tasca il cellulare o cercava di svignarsela prima dello spettacolo ma, proprio nel momento in cui lo zio sbraitava sulla faccia di un direttore generale, ecco accorrere Angelo-della-morte, solerte nipote che placava gli animi porgendo a entrambe le parti un salvifico cicchetto.

La terrazza rimaneva un appuntamento sgradevole ma necessario per alcuni, per altri era semplicemente l'unico habitat possibile, un luogo che permetteva di rinsaldare legami, scambiarsi favori e creare volutamente situazioni imbarazzanti per legarsi e ricattarsi a vicenda, soprattutto quando all'esterno si godeva di una reputazione irreprensibile.

Rimanevo una formidabile spettatrice silente, ammaliata dalla gestualità, dai riti, dai discorsi sempre uguali di quegli ospiti che mangiavano l'insalata con le mani e lasciavano decantare birra da lattina nei pochi calici a disposizione (neanche fosse Barolo invecchiato).

Il loro era un mondo chiuso e impenetrabile, nel quale sembravano stritolati dalla confusione delle loro strane professioni, popolate da eccentricità ostentata e smania di raccontarsi senza riserve.

Avevo ascoltato almeno cinque volte la storia che il logorroico Manolo Miedo, settantenne ex gloria dell'editoria pornografica, rifilava tutte le settimane alle sue compagne di tavolo, che ogni volta fingevano di ascoltarlo con stupore.

«Bei tempi quando io e Franco pubblicavamo *Caldo Sogno*, la nostra rivista. Vi ho detto che abbiamo iniziato nel mio vecchio garage? Quello dove suonavamo. Siamo stati i primi in Europa. Sì, dopo Hugh Hefner, il mercato dell'hard era nostro, ma poi siete arrivate voi, care le mie signore femministe e ci avete rovinato la piazza. Anche se quelle che mettevamo in copertina erano tutte femministe, una bionda se lo era anche scritto sul seno: "Je suis féministe!". È stato rivoluzionario.

Ma è inutile rivangare, per un po' grazie alle conoscenze di Franco siamo andati avanti con i finanziamenti pubblici, certo, come rivista culturale, intendo. Ma poi il mio compare Cuccurullis è stato più furbo di me e ha capito che era meglio darsi alla cultura canonica che alle rivoluzioni. Sapete com'è, ha iniziato una relazione con Lilli Viccaris, quella professoressa di Filosofia Teoretica, magra, brunetta, con gli occhialini tondi, l'aria frigida, sì insomma, la spilungona che ora presenta quel programma dove tutti quei disoccupati vogliono picchiare i loro parenti. Frequentavamo lo stesso cineforum, quello sul cinema asiatico. Ve lo ricordate? Il sottoscala in Piazza dei Martiri? Le migliori canne andavamo a farcele lì. Poi lei è rimasta incinta ed era troppo tardi per abortire, così diceva, se volete il mio parere quella aveva quindici anni più di lui e non aspettava altro che il primo fesso per fregarlo. Ma l'amico Franco non si è fatto fregare dalla tardona, con tutto il rispetto per voi signore, e non ha riconosciuto la bambina, perché avrebbe dovuto, poi? Lei gli aveva già fatto vincere il dottorato sotto la sua cattedra, un brillante progetto di studio intitolato *Dio è morto e io guido un'Aston Martin*. Qualche anno dopo, quando ormai si era costruito una reputazione, Lilli, come Medea, gli ha presentato il conto per gli alimenti arretrati, ed è allora che è intervenuta Elettra, la sorella di Franco, che ha offerto a Lilli un lauto cachet e il ruolo di autrice, tutto a spese dell'emittente, si intende. Il buon vecchio Franco non ha sborsato un centesimo e ha salvato la faccia agli occhi dei bigotti. Per fare politica servono anche i soldi dei bigotti, giusto? Alla fine, scusate il gioco di parole, l'hanno presa tutti con filosofia, ora sono amici più di prima. Veramente eravamo tutti grandi amici, ho fatto perdere io la verginità a Elettra, nel garage, era suo il sedere che abbiamo messo sulla prima copertina di *Caldo Sogno*, ma poi c'è stata un po' di maretta, un po' di gelosia per via di una svedese di cui mi ero invaghito, ma niente di serio, cose tra ragazzi. Beh, quando è arrivato il momento della copertina con il lato A, Elettra si è negata. Il lato A lo ha riservato al senatore Pepis, quello che lei chiama zio e all'epoca era già sposato, lui è diventato il suo angelo custode, per questo ha chiamato il figlio Angelo, anche se non porta il cognome del senatore, lui è stato molto generoso con lei. Senza la sua quinta, e con la quinta elementare in tasca, Elettra Cuccurullis non sarebbe mai arrivata a dirigere il canale Sapienza Oggi».

Proprio sul più bello, ogni volta che veniva nominava Elettra, come un agente del KGB che tutto vede e tutto sente, si avvicinava al tavolo Angelo-della-morte, pronto a ricordare a ognuno il suo ruolo e a castigare con il suo sguardo sterminatore chiunque infangasse l'onore della madre.

«Caro Riky, ti trovo in forma, sempre al tavolo delle signore. Poi,

però, dovresti darti una regolatina con la birra, se esageri rischi di rovinarti la digestione. Per tua figlia non ci sono ancora novità dall'etichetta discografica. Vuole sempre fare la cantante, vero?».
Aggiungevo poco a poco tessere a un puzzle che non aveva né forma né fine. Terrazza Cuccurullis riservava continue sorprese, tra le più stupefacenti quella che Franco, all'apparenza colto e pragmatico viveur, fosse un incallito superstizioso.
Era assolutamente proibito entrare in casa sua con un ombrello o qualcosa di viola addosso, si irrigidiva quando veniva versato il sale, si irritava quando Marisol tardava a riporre la scala per pulire i vetri, e aveva fatto eliminare il numero diciassette dai calendari. Era risaputo che, se il mercoledì cadeva di diciassette, la serata alla terrazza era annullata. A consigliarlo a Franco era stata Gaetana, una specie di consulente spirituale ed esperta di tarocchi, sempre pronta a dire agli ospiti che avrebbero, da lì a poco, cambiato le loro vite.
Ogni angolo di casa era un tripudio di corni e cornetti ai quali non credevo Franco desse un significato che andasse oltre il folklore.
Ne avevo preso atto e l'avevo classificata come l'ennesima stravaganza da ricchi, ma, ben presto, un imprevisto sanitario mi avrebbe permesso di conoscere il lato più oscuro (se ci poteva essere qualcosa di più oscuro di quello che già avevo visto) delle ossessioni di quel prepotente, egocentrico, padrone di casa.

Eravamo nel pieno di un torrido agosto quando, in occasione della festa di Metà Estate (chiamarlo ponte di Ferragosto era troppo volgare) Franco aveva deciso di omaggiare i suoi ospiti di una partita di ostriche a buon mercato, tradendo così il primo comandamento Radical Chic che recita: «Ti sarà concesso mangiare ostriche solo nei mesi con la ERRE!».
Il giorno dopo tutti i quotidiani locali, e un paio di quelli nazionali, avevano riportato in prima pagina la notizia del più grande caso di gastroenterite da ostriche mai registrato in Italia. I più scrupolosi

avevano ricordato che, quindici anni prima, gli ospiti della terrazza erano anche stati vittime di un avvelenamento da cucurbitacina. Elettra Cuccurullis era comunque riuscita a limitare i danni a livello televisivo, molti telegiornali, capitanati da Sapienza Oggi News, insistevano sull'ipotesi dell'attentato, ricordando che erano anni che Franco Cuccurullis denunciava le continue minacce che sarebbero arrivate a suo carico a causa del suo impegno a favore della città, e che più volte i suoi avvocati avevano invocato per lui la scorta. La stessa Elettra aveva rilasciato delle dichiarazioni a favor di telecamera in cui sentenziava lapidaria: «Purtroppo in questo Paese preferiamo aspettare che le tragedie si compiano, piuttosto che agire in fretta. In Francia questo non sarebbe mai accaduto. Cara Napoli, cari napoletani, non ve lo meritate, mio fratello! Alle poche persone per bene che sono rimaste in questa città posso solo dire, come il grande Eduardo, "Fuitevenne!"».
Quanto a me, dopo l'esperienza in cucina come piccola aiutante di Franco, mi ero ben guardata dal continuare a toccare il cibo della terrazza. Ero stata l'unica, su centoventi ospiti, a scampare il ricovero, e mi godevo viva, vegeta e spensierata il ponte di Ferragosto, anche se non mi ero mai chiesta cosa si festeggiasse davvero a Ferragosto. Mia nonna mi aveva detto che era stata la Madonna a proteggermi e che avrei dovuto fare una preghiera di ringraziamento. Io, però, avevo tutt'altri piani.

Le cene alla terrazza erano state interrotte fino a nuovo ordine e, dentro di me, provavo un certo sollievo, un inconfessabile piacere nel riassaporare la semplicità della vita priva di sovrastrutture, di prove di forza, di compromessi a ogni costo. Ero immersa nella scrittura della tesi quando, a metà settembre, avevo ricevuto la prima proposta di lavoro della mia vita. Arrivava da *Eclissi*, una rinomata rivista di letteratura e cinema a cui, pochi giorni prima, avevo inviato un articolo commemorativo su David Foster Wallace.
La risposta non si era fatta attendere.

«Pronto, Serena? Sono Antonietta Viperis, la segretaria di Livio Suracis, direttore di *Eclissi*. Potresti presentarti qui da noi in redazione domani mattina? Non prima di mezzogiorno, apriamo a quell'ora».
Antonietta, una donna sulla cinquantina affetta da un marcato strabismo, aveva una grande massa di capelli ricci, grandi occhiali e modi gentili. Era stata proprio lei ad accogliermi nella redazione di *Eclissi*, in un palazzo signorile del centro storico, un vecchio appartamento dai soffitti alti e le chiazze di muffa sparpagliate qua e là sulle pareti ingiallite. All'entrata si avvertiva un odore rancido, come di qualcosa andato a male, un olezzo che si rafforzava lungo il corridoio e che diventava fetore insopportabile nell'ufficio di Livio Suracis, dove, appena entrate, Antonietta aveva provveduto a spalancare le finestre.
Il direttore giaceva ai piedi di una gigantografia de *I diari della motocicletta*, appisolato su una sedia traballante che sembrava troppo piccola per reggere il suo peso e indossava un pigiama logoro, ricoperto di peli di gatto. Ai suoi piedi c'erano ciotole d'acqua, crocchette e granelli di lettiera, che la sua segretaria cercava di riordinare, tra fatica e disgusto, con la punta delle scarpe.
«Livio!», aveva urlato Antonietta battendo le mani, facendolo così svegliare di soprassalto.
«Ma per l'amor del cielo, Antonietta! Quante volte ti ho detto che non devi gridare come una gallina? Ricordati che se sei qui è esclusivamente per merito mio! E perché non vai a farti una lampada? Siamo nella città d' 'o sole d' 'o mare e tu ti presenti davanti a me come la "Cieca di Sorrento". Pure tu sei un po' troppo pallidina ragazza, la prendi, la vitamina D?». Aveva chiesto squadrandomi dall'alto in basso.
«Livio questa è Serena la coccodrillara, Serena questo è Livio e, come vedi, non ha bisogno di presentazioni. Bene, io vi lascio. A dopo». Detto questo si era rapidamente defilata sbattendo la porta.
«Dunque Serena, tu scriverai i coccodrilli, riorganizzerai gli archivi, ti occuperai di Lars von Trier, il mio gatto, porterai la spesa a mia

madre – Antonietta si rifiuta di continuare a farlo, ma è solo una lassista – e, se ti avanza del tempo, passerai l'aspirapolvere prima della chiusura. Qui da *Eclissi* amiamo definirci una grande ciurma affiatata, come gli ammutinati del Bounty. Sei una ragazza fortunata, benvenuta a bordo! Ora, per piacere, chiudimi queste dannate finestre prima che lanci le feci di Lars von Trier sulla testa di quegli ignoranti superstiziosi lì sotto!»

Eravamo vicini al Duomo, quel giorno il sangue di san Gennaro si era sciolto e la folla festante si era riversata in strada urtando i delicati timpani del direttore.
Da quell'incontro avevo solo capito di avere un lavoro (che comprendeva un risibile rimborso spese), ma non mi erano chiarissime le mie mansioni. Ero rimasta impalata davanti alla porta dell'ufficio di Livio con aria interrogativa.
«Cosa non hai capito?», mi aveva chiesto Antonietta leggendo i miei pensieri.
«Non so cosa vuol dire coccodrillara».
«La coccodrillara e il coccodrillaro sono quelli che scrivono i coccodrilli, ovvero articoli commemorativi di personaggi famosi. Bisogna confezionarli prima della loro morte, naturalmente. Devi darti una mossa perché siamo in arretrato, è un mondo di vecchi e la morte incombe e, anche quando non sono vecchi, non sai mai chi sarà il prossimo a suicidarsi o a finire in overdose. So' tutti drogati, questi qua! Per fortuna ci stava il tuo articolo su quell'americano depresso, ma Dio solo lo sa quello che abbiamo passato a giugno con la morte di Dino Risi, con il lavoro che avevamo, e senza giornalisti, ci è toccato lasciare tutto e scrivere, scrivere, scrivere. Ho scritto pure io, figurati! Parevamo gli amanuensi. Avevamo una sola recensione de *Il sorpasso*, cose da pazzi! Non possiamo più arrizzicare (rischiare)».
«Ma... io da chi dovrei iniziare? E cosa mangia la signora Suracis? E dov'è il gatto? E...».

«Calma, calma, calma. E tu non puoi fare tutte queste domande il primo giorno, bella mia, una brava le capisce da sola le cose. Tu mi pari una brava. Livio prepara sempre liste di gente che, secondo lui, sta per schiattare, attingerai da quelle, ha istinto, lui, beh è famoso per questo, peccato che poi non scriva mai gli articoli. Un tempo era anche bravo ma, dopo che quel fetente di Franco Cuccurullis ha messo in giro quelle voci sul suo conto, non si è più ripreso. E pensare che erano pure compari con la terza moglie di Livio. Adesso non le coltiva mica più le cucuzzielle (zucchine) nossignore, vabbè che non erano solo le cucuzzielle, comunque ti posso assicurare che la cosa non è così grave come la descrivono. Per carità, i quadri se ne cadono spesso dai muri e i mariuoli (ladri) aumentano, non lo nego, proprio ieri mi hanno rubato l'autoradio, ma è perché non avevo con me il mio cornetto collaudato, e poi nessuno dei nostri parenti è schiattato nell'ultimo anno, e quelli che sono schiattati, lui non li aveva previsti. Dino Risi non lo aveva previsto, per esempio. Vedi com'è ignorante e cattiva la gente? E nessuno vuole faticare, da *Eclissi*, per paura di un poco di seccia (sfiga). Ma se vuoi sapere la mia, già se fatichi per una rivista di cinema sei un povero disgraziato, con o senza Livio Suracis. Ecco, queste sono le chiavi e questo è il tuo cornetto collaudato, portalo sempre con te m'arraccumann (mi raccomando). L'apertura è alle sei di mattina e la chiusura è alle ventitré di sera».
«Avevo capito che l'apertura fosse a mezzogiorno».
«Per noialtri sì, per la coccodrillara no».

Mentre riponevo il pesante mazzo di chiavi e il cornetto collaudato nello zainetto, Livio Suracis aveva fatto capolino in mezzo a noi, afferrando con un balzo il suo k-way dall'appendiabiti. Era uscito leggiadro e ancora in pigiama sul pianerottolo.
«Vado, ho un appuntamento con la mia nuova fidanzata. È nera come la notte, più nera di Laura Gemser, capito Antonietta? E fatti una lampada! Sei antica!». Infilandosi nell'ascensore ci aveva salu-

tate sfregandosi le mani.
Antonietta mi aveva congedata scuotendo la testa, senza aggiungere altro.
Scendevo con attenzione lungo le grandi scale di pietra, percorrendole una a una, con l'aiuto del corrimano, domandandomi preoccupata come avrei fatto a conciliare quel nuovo impiego con la scrittura della tesi, ma ero anche felice e orgogliosa di me per essere riuscita a trovare un piccolo lavoro da sola, soprattutto senza l'aiuto di Franco Cuccurullis.
Stavo varcando l'ultimo portone del cortile, ero pronta a mischiarmi alla folla dei selvaggi e superstiziosi cattolici, quando le grida di Livio Suracis, intrappolato nell'ascensore, mi avevano riportata sui miei passi.
«Rafè! È succiess n'ata vota! (Raffaele! È successo un'altra vota!)».
Aveva urlato dal balcone una signora con i bigodini in testa, chiamando Raffaele, il portiere che, dopo qualche istante, era apparso sulla soglia della portineria armato di collana di cornetti e una cassetta degli attrezzi. Ripetendo disperato vari scongiuri, si era fatto il segno della croce e, con gli occhi rivolti al cielo, implorava a mani giunte: «San Gennà, facitece a grazia! Levaticcill a miez sto iettatore! (San Gennaro, facci la grazia! Toglici di mezzo questo iettatore)».

10.
LACRIME DI COCCODRILLO

Lars von Trier era un Siberiano nero dal passato turbolento, soffiava, graffiava, faceva la pasta sulle bozze degli articoli che non gradiva e terrorizzava i redattori.

Nessuno sapeva quanti anni avesse, la leggenda narrava che fosse un sopravvissuto del Teatro dei Gatti di Mosca e che avesse incontrato, proprio nella capitale russa, Livio Suracis, all'epoca militante del partito marxista leninista.

Tra i due era nata una simbiosi indissolubile.

Per Livio, Lars von Trier era come un figlio o, meglio, la sua proiezione volitiva. Per la maggior parte del tempo era lui il vero direttore di *Eclissi*, sorvegliava tutti dall'alto del suo trespolo e aveva l'aria autoritaria che si addice ai capi.

Livio, invece, era piuttosto debole, una figura sullo sfondo quando c'era, se c'era, quando si ricordava, se si ricordava.

La redazione era la sua casa, in tutti sensi, aveva nell'ufficio una brandina armadio e due volte al giorno si faceva consegnare i pasti a credito dalla rosticceria del quartiere. Il garzone li riponeva direttamente nel cestino che Livio lasciava penzolare dal balcone.

Usciva solo per incontrare le sue fidanzate, tante, diverse, giovani.

Quando ne ingolosiva qualcuna ambiziosa con la promessa di una carriera al giornale e gli accrediti per i migliori festival internazionali, le presentava anche noi.

Duravano circa un mese, come firme esperte di cinema africano, indonesiano, eschimese, poi mangiavano la foglia e lo piantavano, ma alcune, le più tenaci, rimanevano, e si trasformavano nelle centinaia di freelance che affollavano l'harem immaginario di Livio.

Erano loro a firmare i miei articoli e quelli degli altri due stagisti.

Mi avevano spiegato che funzionava così e poi sarebbe stato il mio turno. Presto avrei avuto un contratto da apprendista, «che è molto meglio che fare la giornalista pubblicista», mi aveva detto Antonietta.

Nel frattempo mi ero specializzata nelle mie mansioni, non facevo mai domande, dicevo sempre di sì anche quando mi veniva chiesta «una prugna che galleggia nel profumo, servita in un cappello da uomo», scrivevo i coccodrilli, e soprattutto, le lettere fasulle a *La posta di Livio*, la rubrica settimanale in cui il direttore dava consigli filosofico-economico-amorosi e che non riceveva una lettera vera dal 1996. Scrivevo anche le risposte.

Dormivo due ore a notte, l'adrenalina e la pressione mi mantenevano sveglia, mi dicevo che ce la stavo facendo, stavo faticosamente scalando la vetta, mi ero addirittura conquistata il rispetto di Lars von Trier, che aveva smesso di assalirmi dietro le porte, e ora si limitava a ignorarmi.

Non piacevo, però, a tutti, la mia diligenza e ossequiosità infastidivano i redattori interni, tre uomini e una donna, che mi tenevano alla larga, tranne quando avevano bisogno delle sigarette, delle sigarette senza filtro, del caffè, del caffè macchiato, del gratta e vinci, dei panini, dei panini senza glutine, del limoncello, della sfogliatella liscia, della sfogliatella riccia e di controllare i congiuntivi.

Quando non erano impegnati a riscaldare nel microonde lercio una schiscetta salmone, cipolla e timo, sparlavano dei colleghi freelance, si lamentavano delle scarpe vegane che si rovinavano in fretta, litigavano su chi dovesse accaparrarsi l'albergo a una stella al Festival di Berlino e plagiavano articoli stranieri con i vari dizionari alla mano (mica Google Translate funzionava bene come oggi).

A me non importava, con i primi tre rimborsi spesa mi ero regalata un iPod nano: le sue belle cuffiette bianche, che mi isolavano da tutto il resto, mi ricordavano quanto fosse confortante nascondere i problemi, piuttosto che affrontarli.

Il mio momento preferito era portare la spesa alla signora Dora, la

madre di Livio, che abitava nell'appartamento di sopra, e che era l'ignara editrice di *Eclissi.*
La signora Dora era un'arzilla e simpatica centenaria, vantava lontane origini nobiliari ed era stata una donna molto facoltosa, prima che il suo unico figlio Livio sperperasse il patrimonio di famiglia.
La casa, il giornale e tutti i loro beni, erano stati da tempo venduti come nuda proprietà a un'azienda, che periodicamente si sincerava delle condizioni di salute dell'anziana.
«Stann a quinnic'anni comme e'ciucciuvettole n'anz a port, se crirono che moro, ma io nun moro (aspettano da quindici anni che io muoia, se ne stanno come delle civette davanti alla porta, ad aspettare, ma io non morirò)».
La signora Dora sosteneva che il segreto della sua longevità e lucidità fosse il rosario, ne recitava almeno tre al giorno e aveva una vera passione per il presepe napoletano, tra i bottegai di San Gregorio Armeno la conoscevano tutti. Come mia nonna amava cambiare le statuine dei Re Magi tre volte: prima sul cammello, poi a piedi e infine inginocchiati.
«Tu nun te 'ntussecà (non te la prendere)», mi diceva quando mi vedeva un po' pensierosa, e se mi invitava a fare una preghiera con lei io declinavo sempre con un sorriso.
La scrittura dei coccodrilli, secondo Livio, procedeva a gonfie vele. Aveva già pronosticato la morte di Paul Newman e Bettie Page, e questo aveva rinsaldato la sua fama di iettatore tra gli addetti ai lavori che, però, non sapevano delle altre centinaia di nominati, che invece erano ancora tra noi.
Ormai l'archivio di *Eclissi* aveva coccodrilli di almeno tre generazioni di attori, attrici, intellettuali e artisti. Stavo iniziando a rilassarmi quando, sulla mia scrivania, era arrivata la solita lista dei dieci nomi del giorno, tra i quali c'era quello di Franco Cuccurullis.
Mi ero quasi dimenticata di lui e della terrazza, che era rimasta chiusa e, senza pensarci troppo, avevo scritto un breve coccodrillo di circostanza. Ma, come si dice, il paese è piccolo, la gente mor-

mora, e non esiste paese più piccolo di Radicalchiclandia.

Una settimana dopo ero in università per il consueto appuntamento di revisione tesi con il mio professore, quando mi ero ritrovata davanti, dopo mesi, Angelo-della-morte, che mi aveva chiesto di parlare in privato.

Lo avevo seguita, un po' intimorita, nell'aula che aveva contribuito a occupare e a distruggere qualche giorno prima, insieme al suo collettivo. Un'occupazione che mi aveva privata della sala studi, ma che aveva permesso ad Amedeo, il tuttofare di Angelo-della-morte, di aprire uno spaccio di sigarette abusivo all'interno dell'università pubblica.

Al nostro ingresso aveva chiesto agli intrepidi occupanti, che stavano giocando a Scopa, di lasciarci da soli, e nel giro di dieci secondi ci eravamo ritrovati faccia a faccia come quella prima sera alla terrazza. Questa volta non avevo intenzione di cedere.

«Ti sei messa proprio in un bel guaio lo sai?».

«Sarebbe?».

«Sarebbe che hai avvelenato tu le ostriche a Ferragosto».

«Stai scherzando?».

«Gaetana ha detto che c'entri tu».

«Hai le prove? O credi ciecamente alle parole di una ciarlatana?».

«Non importa quanto ci creda io, l'importante è quanto ci crede zio Franco».

«Ma se sono stata sempre in cucina con lui? Ha visto che non ho mai toccato le sue ostriche, non so neanche che sapore abbiano».

«Vedi, è proprio questo che ha fatto nascere i sospetti. Come mai sei stata l'unica, su centoventi persone a non essere ricoverata?».

«Forse perché non mi piacciono i frutti di mare? Facevano quaranta gradi e le ostriche erano in cucina da ore, puzzavano, me lo aveva detto anche Marisol».

«Abbiamo già provveduto a licenziarla, dopo di te era la seconda sospettata».

«Non ho parole! Ma non eravate gli amanti della scienza, della razionalità e della solidarietà? Su che basi avete mandato via Marisol? Avrete delle analisi di laboratorio, spero».
«Il problema non sono neanche le ostriche. Superstizioso com'è, quando lo zio Franco saprà che hai scritto il suo coccodrillo per il giornale di Livio Suracis, lo iettatore che gli ha avvelenato gli ospiti con le zucchine quindici anni fa, allora sì che sarai spacciata».
«Livio non è uno iettatore e non le coltiva più le zucchine! Mi sono stancata di stare a sentire queste assurdità, anzi adesso, se vuoi scusarmi, devo tornare al giornale a scrivere altri coccodrilli. Un lavoro ce l'ho e me lo sono trovata da sola, non ho avuto bisogno di voi, se non sono più gradita alla terrazza, me ne farò una ragione. Ciao Angelo, stammi bene».
Mentre mi stavo alzando dalla sedia, Angelo mi aveva afferrato il polso.
«Se sei così brava saprai anche che l'azienda dello zio Franco ha acquistato la nuda proprietà dei beni di Livio. Appena la vecchia Suracis schiatterà, io diventerò il nuovo direttore di *Eclissi.* Se sarai gentile con me, quando sarà il momento, ti terrò come correttrice di bozze, o come giornalista, questo dipende da te. Allora, cosa farai da grande, Serena? La correttrice di bozze, la giornalista, o al massimo la supplente di lettere?».
«Chiedilo a Gaetana», gli avevo risposto piano, rimettendomi lentamente lo zaino in spalla e andando via.

Mi ero nascosta per un'oretta tra le colonne del chiostro, a fissare in silenzio i ciclamini rosa, poi ero corsa al giornale, dove, ancora ansimante per i quattro piani di scale, mi ero fiondata nell'ufficio di Antonietta.
«Uh, Gesù! E che è successo? Perché sei tutta rossa?».
«Niente! Niente! Antonietta, ti ricordi che il mese scorso mi avevi detto che mi avreste fatto il contratto? E anche il mese prima, e anche quello prima ancora, ti ricordi?».

«Sì sì, mi ricordo, embè?».
«Embè io ora avrei bisogno di sapere se me lo fate o no questo contratto».
«Bella mia, questo non è proprio periodo di nuovi contratti».
«Ma ormai vivo qui, mi avete fatto tutti i complimenti, Livio dice che sono indispensabile, che mi ricordo tutto, che conosco tutti i film, e anche tu mi dici sempre che sono brava».
«Ah sì, brava sei brava, ma qui non possiamo tenere sette impiegati a contratto, non se ne parla proprio, e poi sei giovane, ventuno anni solo tieni, di che ti lamenti?».
«Va bene, ma allora fatemi almeno firmare i miei articoli».
«Lo sai che gli articoli li firmano solo i redattori e le fidanzate di Livio, non possiamo pagare tutti, già l'anno scorso ci siamo scampati un controllo della finanza che lo so io come ho fatto. Se non fosse stato per quel mio cugino...».
«Ma, insomma, è un giornale o non è un giornale? Io voglio solo scrivere, già lo faccio quasi gratis, fatemi mettere una firma».
«La firma non la puoi mettere perché tra un po' la redazione di *Eclissi* non esisterà più. In questo appartamento rimarremo solo io, Livio e la sua futura moglie, Bianca».
«Bianca? Ma non è quella con i capelli blu che ha conosciuto la settimana scorsa?».
«Ma no, quella è Alice. Bianca l'ha conosciuta due settimane fa, è quella con i capelli rosa, che si veste come un cartone animato, quella che fa... non mi viene il nome...ecco! Quella che fa la cosplayer! Si è scoperto che è la figlia di quell'armatore, quello delle navi da crociera, De Libertiis. Milionario il padre e milionaria lei, le piacciono le cose strane e c'ha il complesso di Edipo, cioè non proprio di Edipo, quell'altro complesso, che poi è la stessa cosa, ma viene alle femmine. Livio, 'nzallanuto (rimbambito) com'è, è perfetto per lei, ci sono già le pubblicazioni e Bianca finanzierà il giornale, a condizione che sia lei a decidere la nuova linea editoriale. E si capisce. *Eclissi* diventerà una rivista di manga, alla faccia di

quelli che dicevano che Livio era uno iettatore».
«E io? Che fine farò?».
«La fine del sorcio, bella mia. Quella Bianca è una molto gelosa e non vuole altre femmine in giro, rimango giusto io che sono una vecchia cariatide, e pure pure mi guarda male. Non vuole neanche il gatto, figurati! Uè! E mo' non fare quella faccia!».
«Che faccia?».
«La faccia della Madonna Addolorata, non serve a niente. Anzi, prima te la levi e meglio è, qua tengono tutti la faccia di bronzo, tu chiedi permesso pure per entrare nelle stanze con la porta aperta, bella mia, non è ambiente per te. Smetti di scrivere, credi a me, pure io ero così, ma poi a una certa mi sono dovuta rassegnare. Le brave ragazze come noi, quelle sgobbone dico, quelle educate, quelle che hanno fatto le scuole dei preti, non sono fatte per la gloria, nossignore, rimangono in disparte. Come farebbero, altrimenti, gli altri a prendersi gli applausi? Te lo vedi Livio, il direttore, senza una badante che gli ricorda pure quando andare al gabinetto?».

Avevo raccolto in fretta le mie poche cose ed ero salita al piano di sopra per salutare la signora Dora. Le avevo detto che avevo deciso di lasciare il giornale per dedicarmi meglio agli studi e lei aveva appoggiato la mia scelta, anche se ne era dispiaciuta. L'avevo aiutata a riordinare il presepe e a cambiare le statuine dei Magi, che ormai erano giunti alla meta ed erano inginocchiati.
«Hai visto? Pareva che s'eran piers e invece pure loro song arrivati (sembrava si fossero persi e invece anche loro sono arrivati, alla fine)».
Come sempre, Dora mi aveva chiesto di recitare un rosario con lei, ma io le avevo detto di avere fretta.
«Almeno n'Ave Maria, di buon augurio, per i tuoi studi».
«Va bene, giusto un attimo e poi vado».
Dora aveva iniziato a pregare: «...benedetto il frutto del tuo seno, Gesù». Poi mi aveva guardata, facendo cenno di continuare, ma io

avevo il vuoto. Ricordavo a memoria gli oltre mille coccodrilli che avevo scritto per *Eclissi*, ma della prima preghiera che avevo imparato in vita mia adesso non mi veniva in mente neanche una parola.
«Scusatemi tanto, signora Suracis, devo proprio scappare, prometto che torno presto a trovarvi. Arrivederci».
Non sarei più andata a trovarla, non avevo più ripensato a lei, nella mia testa non c'era spazio per Dora o l'Ave Maria, ma solo per i soliti interrogativi: «Perché non ho la faccia di bronzo? Perché mio padre non è un armatore? Perché non ho il complesso di Edipo? Perché non avrò la gloria? Perché non prendo la vitamina D?».
Varcando l'ultimo portone del cortile avevo udito le grida di Livio Suracis, intrappolato di nuovo nell'ascensore. Questa volta mi ero infilata le cuffiette e me ne ero andata, mischiandomi alla folla, senza tornare indietro.

11.
IL CANTO DELLE SIRENE

«Ma, giunti qui, la brezza cessò, fu bonaccia sul mare».

Il giorno della mia laurea non ero felice per il centodieci, né per aver concluso gli studi, ma perché, a causa dello stress degli ultimi mesi, avevo perso una decina di chili. Ero sottopeso, ma sentirmi dire che stavo benissimo, tastare le estremità della clavicola ed essere fotogenica, mi procurava un'immensa gratificazione, un certo tipo d'inconfessabile piacere che una misera corona d'alloro non avrebbe mai potuto eguagliare.

Non smettevo di guardarmi allo specchio, in cerca del profilo migliore (senza dubbio il sinistro) pronta a fuggire da Napoli, come suggeriva Eduardo, ad agguantare il mondo con le mie unghie ben smaltate.

Avevo provato un'inaspettata malinconia festeggiando con gli amici. C'erano tutti tranne Susanna, che ormai faceva coppia fissa con Angelo-della-morte e non mi parlava più.

Anche dire addio al chiostro e ai professori non era stato facile come pensavo. Qualcuno mi aveva chiesto di rimanere e tentare la carriera universitaria, ma io non ero brava abbastanza e poi volevo altro… cosa, non lo sapevo più.

Per tutto il tragitto verso la stazione avevo mantenuto gli occhi bassi e mio padre, vedendomi pensierosa, mi aveva incoraggiata facendo leva sull'orgoglio. «Ora hai la stessa laurea della professoressa Lazoppis, l'hai presa con il massimo dei voti e hai anche scritto per un giornale, un bel passo da quando prendevi sufficiente nei temi d'italiano, no? Non devi essere triste, ma fiera di te».

Eh già, la professoressa Lazoppis, chi se la ricordava più? La Contessa di Montecristo aveva compiuto la sua missione, mentre quelli

del Circolo del tennis si erano persi lungo la strada. Nessuno di loro frequentava l'università, Camilla aveva sposato un ricco avvocato, molto più grande di lei e, meno di un anno dopo, si era separata tornando a casa dai suoi, altri erano stati arrestati per un giro di corse clandestine con auto di lusso, altri, come Roberto, non c'erano più a causa della droga.
Io, invece, ero entrata per un po' nel salotto giusto, anche se si era rivelato nauseante, avevo scritto per un po' per il giornale intellettuale, sulla Terza Pagina, la pagina della cultura che era solo di sinistra, nonostante non ci fosse nulla di sinistra in quella redazione (al massimo qualcosa di sinistro), mi ero laureata con successo, nei tempi, senza l'aiuto di San Giuseppe da Copertino, e stavo ben alla larga dai rosari.
Avevo vinto, dopotutto? Ero in cima a una immaginaria catena alimentare? Ero salita sul podio della vita, ma il sapore della vittoria non era gustoso come pensavo.

Sentendomi ancora una volta sconfitta, mi avviavo al mio Eurostar, con in mano una copia de *La campana di vetro* e, nell'altra, una valigia pesantissima, ingombrante e piena di cianfrusaglie inutili e superstiziose come Franco Cuccurullis (creme anticellulite, per lo più) che un viaggiatore gentile mi aveva aiutata a sistemare nello stretto e affollato scompartimento. Fissavo intimorita i miei jeans strappati, chiedendomi se mi avrebbero cacciata dal Duomo di Milano, come era successo a quell'ex alunno della professoressa Lazoppis, ma mi ero quasi subito ricomposta, ripensando, con un moto di dignità, a quella volta che, invece del voto, mi aveva scritto sul tema: «Tu non sai cos'è il coraggio».
Dal finestrino avevo salutato i miei genitori e mia nonna, che, compostamente, dritti e immobili sul binario, avevano atteso fino all'ultimo la mia partenza, come pazienti soldatini.
Per cinque, interi, interminabili minuti avevo agitato la mano davanti alla faccia del mio vicino di posto, poi il fischio del capotreno

e un ultimo bacio mi avevano portata via dalla città tanto amata, dai franchini, Marisol, Antonietta Viperis, Dora, i ciclamini rosa, o' sole e o' mare, come li chiamava Livio Suracis.
Ed è qui, con l'immagine un po' patetica di un treno ora chiamato Frecciarossa, che potrei iniziare a immergermi nella letteratura chick lit (da "pollastrella") per raccontarvi del mio lungo vagabondare nel ventre del Bel Paese, dei miei tanti anni da single o male accompagnata, privi di vitamina D, della brillante carriera nelle grandi metropoli e del mio fortunato e decennale pellegrinaggio nelle varie redazioni di giornali, giornaletti, tv, agenzie, set cinematografici e pubblicitari. Di quanto sia sporco, sordido, brutto e decadente questo ambiente, insieme alle persone che lo abitano.
Ma non lo farò.
Non lo farò perché, semplicemente, non sarebbe la verità, e la verità oggi è per me una parola senza plurali e senza relativi.
Nel mio caso, la verità è che, da quando sono salita su quel treno, ai momenti di sconforto per i contratti non rinnovati, alle solitarie pause pranzo in ufficio, ai sorrisi di circostanza nei camerini, si sono alternate, tra gli stessi corridoi, anche bellissime amicizie, grandi scoperte, piccole soddisfazioni, forti abbracci, di quelli che ti lasciano senza fiato, lunghe videochiamate e rapporti che ancora oggi, nonostante fusi orari improbabili e distanze oceaniche, sopravvivono e rimangono più saldi che mai, specialmente con le persone che la pensano diversamente da me e con le quali ci vogliamo bene comunque (anche i Flintstones, a un certo punto, hanno incontrato i Jetsons).

Quello che dominava, però, nel mio inquieto tragitto, tra gli affetti e le antipatie, tra le quotidiane noie e gioie della vita, era un senso di confusione, d'incertezza, lo smarrimento che deve provare anche il marinaio più esperto quando da nessuna parte, neppure dalla cima dell'albero di maestra, si scorge un lembo di terra all'orizzonte. Solo silenzio, calma piatta, bonaccia in alto mare.

«E adesso?», viene da chiedersi, «che succede? Che faccio?».
Avete mai notato quanto è difficile rimanere in una stanza da soli? Senza stimoli, senza libri, tablet, tv, computer, telefono? Si è costretti a pensare, e mettersi a pensare non è sempre facile, anzi, a volte può essere terrificante, insopportabile, deprimente.
Quando ti senti un puntino perso nel mare blu, a bordo della tua piccola zattera che annaspa alla deriva, cerchi a tutti i costi di riempire il vuoto per evitare di pensare.
Io, pur di non sottopormi a questa tortura, avevo escogitato il mio antidoto: annegare in precari divertimenti e scrollare di continuo lo schermo dell'iPhone in cerca di post, news o video di gattini astronauti.
Fingevo che la mia zatterella fosse una delle enormi, sontuose navi da crociera di Bianca De Libertiis, e mi lasciavo traghettare placida, con il vento in poppa, senza scopo, verso il nulla, in questo eterno villaggio vacanze pieno di animatori che mi ripetevano: «Hakuna Matata. Tutto va bene».

Cercavo di dimenticare quanto piccola e fragile fossi, mentre tutt'intorno riecheggiava il canto delle sirene.
Le sirene sono tutti quei rumori di sottofondo, quei disturbi acustici, quelle interferenze che ti distraggono dalla linea d'ascolto, una musichetta da call center, di quelle ripetitive, orecchiabile, rassicurante, ipnotica, fatta apposta per tenerti in attesa per ore.
Più mi avvicinavo alle sirene e al loro canto, più il mio linguaggio si sporcava, si ingarbugliava, sempre più spesso finivano per mancarmi le parole, non riuscivo più a concludere anche semplici frasi, diventavo imprecisa nelle azioni, grossolana nei modi, sgarbata con i gesti, approssimativa nella scrittura, disordinata nei ritmi e nei pensieri.
Perché succede così. Le sirene ti ammaliano, ti lusingano, ti promettono gloria, felicità, realizzazione personale e poi? E poi ti stordiscono, ti fanno perdere la rotta anche quando credi di non averla

e ti fanno finire sfracellata contro gli scogli.
Le sirene ti dicono che tu vali, che sei bellissima anche con gli occhialoni, l'acne e l'apparecchio per i denti, ma se compri quel fondotinta che copre tutte le imperfezioni, "ti sentirai certamente più a tuo agio".
Le sirene fanno l'albero di Natale ma dicono: «Buone feste». Le sirene ti dicono che l'ignoranza è la radice del male, ma se sei minorenne e vuoi ritirarti da scuola per andare a scalare gli alberi e favorire il mercato del litio, sei un'eroina (che poi io l'ho fatto per vent'anni e neanche un'ora di ginnastica mi sono mai risparmiata).
Le sirene sono la manager femminista che ogni mese lascia un Tampax usato nel lavandino del bagno delle donne e poi dà la colpa alla stagista. Le sirene ti chiedono al colloquio di lavoro se conosci locali per scambisti. Le sirene un giorno scrivono che la vagina è autopulente e quello dopo ti invitano a comprare il detergente intimo che sponsorizzano sulla loro pagina. Le sirene parlano male degli ex datori di lavoro quando sono alla concorrenza, e viceversa. Le sirene ti fanno intendere che la gentilezza è debolezza. Le sirene urlano che le donne vere "hanno le palle". Le sirene chiamano le donne "il sesso debole".
Le sirene sono per la giustizia, ma amano la gogna mediatica. Le sirene credono nella scienza, ma non nella biologia. Le sirene ti dicono che non è tanto il caldo, ma l'umidità. Le sirene sono contrarie alla pena di morte "perché tutte le vite valgono" eccetto quelle non visibili a occhio nudo.
Le sirene le trovi anche in chiesa.
Le sirene ti dicono che questa settimana l'azienda "ha performato", anche quando è evidente che non ha performato. Le sirene protestano, facendosi le foto con dei cartelli bianchi in mano, sui quali altre sirene scriveranno "#escile".
Le sirene ti dicono che tu basti a te stessa e, per i momenti di sconforto, c'è sempre un vibratore che puoi comprare tramite il loro sito. Le sirene t'impediscono di fare la foto con Gianni Morandi e

poi se la fanno loro.
Le sirene sono Helen Gurley Brown quando afferma che: «è molto più femminile dare il benvenuto a un pene, piuttosto che mettere da parte i soldi per far studiare i nipotini». Le sirene ridono, banalizzano e credono a quello che afferma Helen Gurley Brown.
Le sirene sono il comico che hai idolatrato per tutta la vita e che, alla fine della riunione del suo One man show, ti dice: «Mi sei piaciuta tantissimo, ma se hai un marito e dei figli, con me non puoi lavorare».
Le sirene sono io che gli rispondo sicura: «Non voglio né marito, né figli».

12.
PADRE PIO POKÉMON GO

Più navigavo a vista, più mi perdevo.
M'imbattevo in strani personaggi, mediocri, meschini, ne rimanevo delusa, deludevo a mia volta, mi spronavo a farmi meschina anch'io. Accettavo ogni richiesta, rispondevo in tempo reale ai vocali che arrivavano alle tre di notte, alle mail, alle telefonate a qualsiasi ora del giorno, eccetto quelle della mia famiglia.
Dicevo sempre di sì, mi prendevo le colpe, anche quando non erano mie, sorridevo, mi rendevo indispensabile, spostavo la Smart dal parcheggio trovato a fatica per far posto al SUV dell'attempata signora della televisione, che arrivava senza preavviso per controllare il marito fedifrago e, soprattutto, le ballerine del suo show. Trattavo con l'agente che voleva il rimborso del volo dal Messico per il cantante che abitava a quindici minuti dagli studi, procuravo i pass alle amiche dell'amica del conduttore Radical Chic, i posti nel pubblico per i parenti del toy-boy. Avvertivo la costumista che oggi c'erano troppe persone vestite di giallo, invitavo quelle che indossavano un capo viola a cambiarsi immediatamente. Sfregavo il cornetto collaudato che tenevo sempre nel portafogli, mi dannavo per trovare al make up artist la palpebra eyeliner e la palpebra smokey eye. Ribadivo ai parrucchieri che non potevo chiedere agli ospiti con i capelli crespi di portarsi le extension da casa, agli art directors e agli stylist ginofobi che non ero riuscita a trovare albine africane con le lentiggini e un occhio verde e l'altro blu.
Facevo la rassegna stampa anche sui giornali di gossip, tra cui c'era *Eclissi* che da periodico manga, dopo una breve infatuazione per la cronaca nera, si era specializzato nelle foto delle vip che scendono dalle auto senza biancheria intima, quintuplicando le vendite.
Livio Suracis non portava più sfiga, ma era stato condannato per

evasione fiscale, proprio lui che dalle colonne del suo giornale si scagliava contro i furbetti che: «rubavano allo stato i soldi per ospedali e sanità». Adesso si godeva il suo esilio caraibico a Santo Domingo in compagnia della mamma Dora, della moglie Bianca e dell'amante di sempre, Antonietta Viperis.
Ero la balia prediletta dai dodicenni prodigio, figliastri di, cugini di o più spesso youtuber e influencer preferiti di, il cui numero di follower era inversamente proporzionale al numero di neuroni. Correggevo i loro refusi mentre si dedicavano alle attività quotidiane: farsi i selfie, partecipare alle aste di scarpe su eBay, decolorare i peli delle ascelle.
Rispiegavo, inutilmente, la differenza tra futuro semplice e futuro anteriore, il corretto posizionamento delle particelle pronominali, scoraggiavo la trasformazione della locuzione polirematica "in quanto" in intercalare, e condannavo l'uso dell'imperfetto al posto del congiuntivo (sì, anche se comunemente accettato, fa schifo).

Sopravvivevano resilienti, alle mode e alla politica, una manciata di autori e autrici non Radical Chic, che continuavano a saper fare il mestiere. Io e gli altri, la mattina ci alzavamo dal letto solo per loro. Con le mie adorate colleghe ci scambiavamo sguardi d'intesa, pacche sulle spalle, fazzolettini tra le pause pianto nei bagni, dove spesso i rifiuti erano pieni di liquori mignon. Fuggivo da Susanna e dal ticchettio delle sue Louboutin; lei, ormai ai vertici di un reparto nel mio stesso edificio, seguitava a far finta di non conoscermi.
Non stava più con Angelo-della-morte, e come lui, alla fine, non si era laureata: «come Bill Gates, come Steve Jobs, come Zuckerberg, come i numeri uno», ma questo piccolo dettaglio non aveva chiuso loro le porte dell'università, dove sedevano in commissione d'esame come cultori della materia.
Angelo-della-morte era nel consiglio di amministrazione della Franco Cuccurullis edizioni, i cui autori pluripremiati erano spesso accusati di plagio e di sevizie contro i ghostwriters.

Susanna era diventata la favorita di un deputato del circolo dei franchini e, oltre alla raccomandazione, si era fatta largo nel mondo della comunicazione, con larghi sorrisi e succosi morsi di mozzarelle di bufala. Ogni lunedì mattina faceva il tour delle redazioni distribuendo, rigorosamente solo ai capi, un quarto della Zizzona di Battipaglia: «arrivata fresca fresca da giù». Lo diceva agitando i seni, con fare da attrice consumata e quel piglio da popolana laica che la rendeva: «spiritosa, audace e autoironica», qualità che le avevano fatto aggiudicare la guida dei programmi intellettuali.
Io non avevo le Zizzone e lì dentro le mie lauree erano utili quanto le salviette opacizzanti durante una corsa sotto il sole di mezzogiorno nella Valle della Morte. In corsa contro tutti non mi fermavo mai, convinta che sarebbe presto arrivato il mio turno.
A volte perdevo cinque chili, più spesso ne riprendevo dieci, ero la cavia preferita per i casting dei personal trainer dal bicipite grosso e il cervello mingherlino, esaminando le mie flessioni mi ripetevano, scuotendo la testa, che non avevo chance.
Non avevo chance, non avevo orari né regole, ero sempre in ritardo, ai tavoli da buffet degli apericena e nella vita. Chiedevo scusa, ordinavo un Moscow Mule, lo bevevo in fretta, dicevo che avevo avuto un'intervista, una riunione all'ultimo minuto, un'esterna nel weekend, ma non mi curavo di procurare dolore, certa che la mia assenza a un compleanno, una laurea o matrimonio non contasse.
Io non contavo, io non ero importante, nonostante facessi di tutto per sembrarlo. Mi vedevo sbagliata nel posto sbagliato, un'usurpatrice. Pensavo che, da un momento all'altro, qualcuno mi avrebbe smascherata e cacciata via. «E tu che ci fai qui, monachella? Perché non porti la 38? Perché non hai abbastanza follower? Perché non hai le Zizzone?».
Vivevo alla giornata, mi accontentavo, rovistavo negli avanzi, prendevo quello che capitava, nel lavoro e nel privato. Da miserabile, non mi accordavo il privilegio di scegliere più di una cintura di Gucci e la piega liscia o mossa.

Scrivevo per gli altri frasi come: «l'amore cambia le persone» io, però, non cambiavo mai e nemmeno quelli accanto a me, dopo un po' diventavamo peggiori, amletici, competitivi, cattivi, invidiosi, gelosi, rancorosi, infine indifferenti.

Il tempo era così passato e, superati i venticinque, come per tutte le CosmoGirl, era arrivato il momento di regredire e tentare di invertire la rotta degli eventi, cambiare la crema idratante con una "primi segni del tempo", intensificare il numero di squat mattutini, aggiornare i libri di auto-aiuto e sostituire il vecchio accompagnatore con un modello più recente, meglio vestito e rasato.
Il mio esemplare di Radical Chic dell'epoca era un villoso uomo mocassino, di quelli serissimi, ateissimi, imperturbabilissimi, una gioia per lo spirito e gli occhi. Aveva solo due espressioni: con il joystick e senza joystick.
Il nostro rapporto si reggeva su solide basi fatte di viaggi, cene, condivisione dell'account di Netflix e frasi d'amore irresistibili, come: «Ma che ti sei messa addosso? Cambia subito colore di capelli! Hai messo su un bel po' di chiletti, eh? Non fare la pazza! Le donne sono tutte sceme», insomma le premesse per durare c'erano tutte. Mancava il resto: entrambi impegnati, malati di lavoro, ci vedevamo circa due volte al mese, non ci tenevamo mai per mano (anche perché, se lui non aveva il joystick, le impiegava entrambe per parlare al telefono) e fare progetti sul futuro significava perdere un'ora a scegliere cosa guardare il venerdì. (A proposito, perché ci ostiniamo a cercare prove di compatibilità nei gusti musicali e filmici della gente? Suvvia, a chi non piace *Breaking Bad*?).
Il resto della settimana non si allontanava mai dallo schermo del computer, se non per espletare i suoi bisogni (stava anche escogitando un metodo che gli evitasse questa fatica, «forse un catetere»). A me diceva che era lavoro, finché non avevo scoperto che il suo capo era un Elfo della Notte di *World of Warcraft* che gli chiedeva straordinari anche la sera e i week end.

Non so cosa spinga un villoso e integerrimo ultratrentenne con i mocassini a rifugiarsi in un mondo parallelo ma, in fondo, non è quello che facciamo un po' tutti con altri tipi di cose? Io, mentre ci ignoravamo, me la spassavo sulla mia nave da crociera pronta a buttarmi di sotto da un momento all'altro, al pensiero di lavorare ancora accanto a Susanna.
L'uomo mocassino aveva naturalmente dimenticato il mio compleanno, che cadeva in un periodo per lui caldissimo per il lavoro, per me caldissimo per la settimana di Ferragosto.
«Ma come, non sei nata a settembre?»
«La tua ex è nata a settembre».
«Ah già, andavamo a fare la chiusura di stagione a Ibiza».
«Ecco, bravo, e invece noi possiamo chiudere ora».
«Mamma mia come la fai lunga, e che sarà mai? Ho dimenticato una data, sei proprio una terroncella orgogliosa».
«Ricordi a memoria le cifre dei codici di gioco e dimentichi il mio compleanno?»
«Dai, non fare la pazza, usciamo, che ti compro un dolcetto».

Ormai talmente assuefatta all'umiliazione, lo avevo seguito senza replicare. Per quanto sembri banale, allontanarsi dai valori significa non riuscire a dare valore neanche a se stessi. Nel tratto di strada che ci separava dal bar del circolo del tennis, di cui l'uomo mocassino era socio, mi facevo delle domande. Com'ero arrivata a quel punto? Quando ero passata dalla parte di quelli che disprezzavo?
L'uomo mocassino era una persona grigia, eccetto che per i denti ingialliti dal fumo. Un ragazzo vuoto, insensibile e arrogante, come quelli che lo avevano preceduto. Perché stavo con lui? Perché lo tolleravo? Cosa mi piaceva di lui? Che avevamo in comune? Non sapevo rispondere, mi chiedevo come e quando fosse diventato così, come e quando io fossi diventata così confusa.
Mentre ci avvicinavamo al circolo del tennis, controllavo lo schermo del telefono che mi segnalava le chiamate dei miei. Avevano

inutilmente tentato di farmi gli auguri, ma io avevo lasciato che l'iPhone squillasse a vuoto. Sapevo che, se avessi risposto, avrebbero percepito dalla mia voce tutto lo sconforto che mi portavo dietro da anni, e che stava per esplodere in quel preciso secondo, su quel tratto di statale.

Una sterzata improvvisa mi aveva distratta dai miei pensieri: l'uomo mocassino, alla guida, aveva imboccato una stradina di campagna e, fermando di colpo la macchina, era sceso dicendomi: «Ci metto un minuto».

Avevo pensato a un bisogno impellente e, nel vederlo riapparire tra le sterpaglie tutto soddisfatto, il mio sconcerto aumentava.

«Non puoi capire chi ho incontrato».

«Che succede? Perché ci siamo fermati?».

«Ho trovato un tuo compaesano che voleva farti gli auguri. Buon compleanno! Che la Forza sia con te!».

Era scoppiato a ridere porgendomi il telefono sul quale c'era la foto di una statua di Padre Pio con la scritta: «OBI WAN KENOBI – A JEDI TRIBUTE STATUE».

Pokémon Go aveva contagiato anche la statua di Padre Pio e l'uomo mocassino aveva continuato a ridere a crepapelle fino al bar, dove aveva scelto per me un gelato a forma di papera.

«Quello che ti assomiglia di più. Carino, no?».

Non mi sentivo bene, non mi andava il gelato, non mi andava di stare con il triste uomo mocassino, volevo festeggiare con la mia famiglia che era gioiosa e chiassosa, volevo tornare piccola, di nuovo a tavola con i miei nonni e mia zia che si chiamava Pia, proprio come Padre Pio, il Santo della famiglia e il Santo di casa mia.

Lei e i miei nonni avevano assistito spesso alle sue lunghe messe e gli dedicavano tante preghiere. Facevamo insieme bellissime gite a Pietrelcina, visitavamo la casa natale, poi compravamo i taralli con i cicoli e andavamo a Piana Romana, dove il santo aveva ricevuto le stimmate. Padre Pio, schietto, a volte un po' burbero, incarnava allo stesso tempo i valori della gente della mia terra, i "terroncelli orgogliosi", come ci definiva l'uomo mocassino, ma anche valori universali, il privilegio dei grandi Santi che varcano i confini regionali, nazionali, continentali e che uniscono tutti nel loro abbraccio di speranza, la stessa che faceva superare alla mia famiglia anche le peggiori tempeste. Padre Pio che usava i detti contadini, così semplici e così veri, come le spighe di grano alte e vanitose «che sono vuote, i chicchi sono in quelle più basse, più umili». Padre Pio che incoraggiava ad abbracciare le croci e predicava l'amore, ma a me sembrava impossibile che l'amore fosse una roba per anziani preti di campagna, l'amore è solo per belle e giovani facce. O no? Prima di soffiare sulle candeline, mia nonna mi diceva: «Spera molto, avrai molto», ma quel giorno non c'erano candeline e il sedere della papera gelato si stava sciogliendo tra le mie mani.

«Tutto ok?», mi aveva chiesto l'uomo mocassino vedendomi pensierosa.
«Sì, grazie per il gelato ma adesso non mi va, mi accompagneresti a casa, per favore? Ho un po' di lavoro in arretrato».
«Come vuoi, ma poi non dire che non faccio mai niente per te».
Dal finestrino fissavo il tramonto arancione, cercando di sperare molto ed esprimere un desiderio, invece riuscivo solo a pensare che anche il sole fosse di Franco Cuccurullis e io non avevo il diritto di godermelo. Guardavo le case, gli alberi, le persone che passavano veloci davanti a me. Chissà com'erano tutte quelle vite là fuori. Erano felici? Solitarie? Piene di candeline?
Davanti a un campo di grano, avevo provato compassione per me e l'uomo mocassino. Noi eravamo due spighe alte e vanitose, vuote, eravamo giovani, avevamo delle belle facce, ma non conoscevamo l'amore, né le croci. Avevamo tutto, eppure eravamo eternamente insoddisfatti, talmente diffidenti da non concepire più il bene in noi stessi e negli altri. Non avevano nulla da dirci e, come in silenzio eravamo partiti, in silenzio eravamo tornati ai nostri appartamenti,

alle nostre rispettive vite, distanti e inappagate.
Alla fine ci siamo lasciati per motivi religiosi: lui credeva di essere Dio e io non ero più d'accordo. Molti anni dopo ho capito che il culto della misericordia era meglio del culto della forza, l'ho capito quando mia nonna e mia zia non c'erano più e, mentre loro salivano in Cielo, io sprofondavo nella terra.

13.
MAMME, ROSE, MADONNE E MINIGONNE

C'è un cattivo più cattivo di Yoko Ono, dello zio Scar de *Il re leone*, degli haker russi: una Radical Chic a dieta.
E se questa Radical Chic è la tua capa, ma anche la figlia, ormai legittima, dell'onnipotente Franco Cuccurullis e dell'autrice televisiva, ed ex professoressa di filosofia teoretica, Lilli Viccaris, le cose iniziano a farsi complicate.
«Volevo dare due euro al negretto davanti al supermercato, ma poi ho visto che era più griffato di me e mi sono ingelosita. Corri a comprarmi il pranzo, tic tac e le sigarette, al solito», mi aveva ordinato la grassofobica Olivia Cuccurullis-Viccaris, avviandosi nauseata alla riunione sulla nuova campagna pubblicitaria con le modelle curvy, non prima di aver scritto «Porti aperti!», con il punto esclamativo nel suo status di Facebook.
«Al mio ritorno voglio trovare la ricerca sulla storia dell'emancipazione femminile, fino a oggi. Tirami fuori una decina di nomi fighi che li stampiamo sulle magliette e poi ci scriviamo una frase motivazionale tipo: «Tu basti a te stessa!» e li rivendiamo a quelli del supermercato come premio dei bollini. Facciamo il botto! Mi raccomando, belle facce, no cessi, no ciccione che già le vendiamo a questi delle crocchette per i gatti. Qualcuna tipo quella con i fiori in testa, ah, e anche quell'altra con la minigonna. Figa quella, no? Mandami tutto via mail che poi scappo, ho la lezione di Kundalini Yoga».

Eh sì, fortunatamente noi donne ne abbiamo fatta di strada da quando giacevamo sottomesse nel focolare domestico.
C'era una volta Jane Austen, quella che si è inventata il topos della ragazza arguta e ribelle che non si fa fare fessa dal primo fesso che

capita, ma solo dal primo ricco fesso che capita.
Poi è arrivata Louisa May Alcott che ci ha presentato la ragazza arguta e ribelle che, però, vuole scrivere e si fa fare fessa da uno non ricco e pure tedesco. Segue una breve parentesi realista con Pamela Lyndon Travers, che, in una famosa serie di libri, denuncia per prima le conseguenze delle lotte femministe, parlandoci dei danni subiti da una coppia di fratellini, ignorati dalla loro ricca madre suffragetta e, per questo, in balia di una bambinaia volante.
Ma è grazie alla caparbietà di Winifred Banks, e di altre coraggiose pulzelle, che si fanno strada tra manganellate e prigioni che, in buona parte dell'Europa, le donne ottengono il diritto al voto. Purtroppo non serve perché, nel Vecchio Continente, inizia a diffondersi quella stravagante moda di prendersi il potere senza essere eletti.
Il 10 maggio 1933, un'associazione studentesca (si fa per dire) organizza a Berlino un piccolo falò di ventimila libri, tra i quali spiccano quelli delle facinorose Hannah Arendt ed Edith Stein.
Alle donne, come in tutte le guerre, tocca il compito di portare avanti il lavoro e la famiglia mentre gli uomini sono al fronte, quando un'infaticabile operaia ispira un iconico poster di propaganda bellica, intitolato *Rosie the Riveter*.
Arriva il benessere, ma l'industria tessile è avida e vuole fare economia. Una certa Mary Quant si inventa la minigonna e, dato che lo slogan «fa risparmiare stoffa» pare brutto, si opta per il più soft «l'emancipazione del corpo della donna» e, per pubblicizzarla, viene scelta una modella sottopeso.
Per un po' di tempo si emancipano solo quelle magre con delle belle gambe, che vivono in città, e mentre qualche imbecille inizia a dire che, se indossi una minigonna e ti capita qualcosa di brutto te la sei cercata, in Sicilia, Franca Viola, una sedicenne che non sa neanche cosa sia una minigonna, si oppone per la prima volta al matrimonio riparatore. Dieci anni dopo arrivano le streghe che giustamente urlano nei megafoni che il corpo della donna non si mercifica ma, contemporaneamente, sbandierano i libri di Erica

Jong, una ragazza arguta e ribelle che vuole scrivere e che capisce che se parla di una "scopata senza cerniera" (*zipless fuck*) vende di più. Come i migliori non eletti, Erica Jong domina incontrastata per un ventennio. L'editoria femminile è sua e riesce a coprire il vuoto cosmico degli anni '80. Intanto da noi nel 1981 viene abrogato il delitto d'onore.

I '90 hanno un nome, Girl Power, l'hashtag preferito dalle trentenni e dai marketing manager. Anni che ci hanno tranquillizzate e ci hanno detto che era ok se ogni tanto gradivamo depilarci, e anche indossare una felpa rosa con i glitter non significava necessariamente essere superficiali. A rovinare la festa arriva Helen Fielding, una ragazza arguta e ribelle che vuole scrivere alla Jane Austen e che ci parla della donna moderna. Una simpatica zitella maliziosa in balia di alcol, fumo, una minigonna troppo corta e un pizzico di disperazione, che accetta avance sessuali dal suo ricco capo, ma poi sceglie di farsi fare fessa dal suo ricco ex amico.

Pian piano, attraverso i primi social, affiorano le incertezze. C'è qualcosa che non va: ora che ce la stanno facendo, conquista dopo conquista, le donne non sembrano essere felici come dovrebbero. C'è bisogno di maggiore introspezione, di una cura, e la fine dei ruggenti anni 2000 è tutta di Elizabeth Gilbert, una ragazza arguta e ribelle che scrive un best seller autobiografico il cui sottotitolo è: *Una donna cerca la felicità.*

La Gilbert, nonostante abbia una buona istruzione, indubbio talento, una carriera di successo e tanti soldi, la notte si ritrova a piangere in bagno e si chiede perché. Scopre di essere una delle tante vittime dell'accoppiata del secolo, depressione e solitudine, scova la ricetta della felicità e vuole condividerla con il mondo.

La ricetta prevede mangiare pizze in Italia, pregare in un Ashram in India, innamorarsi di un brasiliano conosciuto a Bali.

Prima del secondo divorzio, ormai famosa e con una carriera da scrittrice avviata (oltre dieci milioni di copie vendute) rilascia una serie di interviste per pubblicizzare il suo ultimo libro, in cui rivela di non volere figli perché altruista. In principio la Gilbert rispolvera concetti sacrosanti: non tutte le donne sono necessariamente destinate alla maternità e, sia quelle che non possono avere figli, sia quelle che scelgono di non averne, non valgono meno delle altre. Tutto giusto ma poi, all'ennesima intervista, comprensibilmente stufa di ripetere le stesse cose e di doversi in qualche modo giustificare, al posto di un onesto «Ehi, ho solo detto che non voglio figli, non che odio i bambini, che problemi avete?», la butta sull'ecologia, e chiama la sua «una scelta responsabile», per sé e per gli altri. La Gilbert è tra le prime a intercettare un nuovo, interessante fenomeno e le cronache la trasformano in una pioniera.

Arriviamo così ai giorni nostri, dove il campo di battaglia è la maternità, un campo invisibile, completamente escluso da qualsivoglia programma di emancipazione femminile, perché la donna, in fondo, madre lo è sempre stata ed è inutile, quasi deplorevole, rischiare di rimestare in vetusti retaggi patriarcali, tipo l'associazione di parole donna-madre. La madre è un concetto antropologico.
Se proprio si vuole essere madri, oggi, bisogna essere come minimo anche in carriera, colte, atletiche, eleganti, paladine, lavoratrici, imprenditrici, indistruttibili, irreprensibili.
La maternità è diventata l'appendice di un'immaginaria super-donna che basta a se stessa e nulla deve avere a pretendere dagli uomini, figuriamoci dallo Stato e dalla società.
Quando scompaiono le madri, scompaiono anche i figli. Dal 2010, infatti, e non certo per colpa delle dichiarazioni della Gilbert, i figli sono percepiti, da una fetta sempre maggiore di donne e uomini, di solito provenienti da paesi a crescita zero, non solo come "mostri" fuori moda, fastidiosi e costosi, ma anche inquinanti, e a sottintenderlo non è la Gilbert, ma tante altre scrittrici trendy, che a un figlio sostengono di preferire viaggi intercontinentali, lavoro e animali. Tutte cose che, com'è noto, non inquinano e che, in ogni caso, non

possono coesistere con un marmocchio (bambini e animali? Che accoppiata insolita).

In principio sono solo opinioni, a volte il pretesto per un po' di satira, innocue e incontestabili scelte personali, ma poi nascono dei veri e propri movimenti politici e anche celebrity del calibro dei duchi di Sussex affermano pubblicamente di voler mettere al mondo massimo due figli. Per amore dei contributi pubblici? No, per amore dell'ambiente (le magioni e i jet privati sono meno inquinanti di un paffuto pargolo).

Non voglio infierire sui duchi, che hanno già i loro grattacapi, né sminuire i disastrosi effetti che i cambiamenti climatici e l'inquinamento hanno sulle nostre vite e sull'intero ecosistema. Abbiamo tutti il dovere di fare la nostra parte, ma possiamo trasformare persino la consapevolezza di aver cura della Terra in una bandiera elitaria? I figli sono realmente il problema numero uno, per il mondo e per noi?

A quanto pare sì, e verrebbe da chiedersi perché le mucche e gli aerei, con le loro emissioni di gas serra, non lo sono. Non fraintendetemi, adoro le mucche, ma perché le mucche, gli aerei e l'olio di palma sono meno pericolosi di un figlio? Non tutte le donne o le coppie che scelgono di non avere figli per scelta etica sono vegane, né rinunciano a viaggi a lungo raggio o alle sigarette, ad esempio. Forse incidono anche altri fattori? Forse ci si ritrova spaventate, oppresse e scoraggiate all'idea, sempre più comune, di dover competere con una di quelle leggendarie super-mamme-chic, top manager dal ventre piattissimo a un giorno dal parto, le pappette biologiche a portata di mano e Roberto Bolle come maestro di danza delle figlie? (Un momento qualsiasi dei miei feed di Instagram).

Con queste premesse è inconcepibile che non tutte le donne aspirino a girare freneticamente il mondo per andare a fare yoga a Bali, eppure qualcuna c'è ancora, solo che vive nell'epoca sbagliata.

Avere figli è iniziato a sembrare un lusso per poche, e quelle non

privilegiate, che l'aereo l'hanno preso magari cinque volte nella vita, o anche meno, e che da sciagurate fornicatrici avvertono il desiderio di procreare nonostante il contratto in scadenza, la maternità esigua, o inesistente, e l'impossibilità di ottenere un allungamento dell'aspettativa non retribuita, o un part-time, o la flessibilità, hanno progressivamente perso voce, perché, in fondo, irresponsabili, egoiste e adesso pure nemiche del pianeta.
La maggior parte torna a lavoro a cinque mesi dal parto (undici se prendono un congedo parentale facoltativo di sei mesi, al 30% dello stipendio), alcune sono, legittimamente, ben contente di staccare dalla routine familiare, altre a casa possono contare su un'economia solida e spesso anche l'aiuto dei nonni. Altre, invece, non hanno alternative.
Ma c'è una terza parte, quella delle neomamme né retrograde né mantenute, che avrebbero bisogno di un po' più di tempo per tornare nei ranghi e, non riuscendo a ottenerlo, scelgono comunque di lasciare il lavoro, rassegnano le dimissioni volontarie a circa un anno dal parto per dedicarsi meglio alla prole e al focolare domestico. Sì, avete letto bene, non sono poche (più di trentasettemila, dalle ultime stime dell'Ispettorato del Lavoro), eppure di loro non si parla. I radar non le rilevano perché non rientrano nel canone virtuoso che la società contemporanea ha imposto al genere femminile, quello della super-donna che fa tutto, vuole tutto e mai, per nessun motivo, può permettere di rinunciare a qualcosa, soprattutto quando ci si batte (ma ci si batte?) per un milione di asili nido, per salari più alti, le quote rosa e gli scatti di carriera. Sono anacronistiche.
Per le donne che rivendicano il diritto e la gioia di godersi i figli, anche a costo di sacrifici (il che non significa fare delle altre delle madri snaturate), nessuno si batte.
E se sull'aiuto dei nonni non puoi contare? E se rimani fuori dal nido e non ti resta altro che spendere l'intero stipendio per la retta di una struttura privata? O per una baby sitter? E se (colpa delle

colpe) al nido tuo figlio non ti va di lasciarlo?
L'assenza di politiche a sostegno della famiglia, nel nostro Paese, ha gradualmente impoverito il ceto medio, senza tralasciare il calo delle nascite e la domanda che nessuno vuole porsi: «Chi pagherà le pensioni dello Stato con il secondo tasso di anzianità più alto al mondo?».
A ogni modo, gli sforzi delle integerrime democrazie occidentali sembrano vani se si tiene conto dei tassi di natalità di un Paese come l'India, la cui crescita non sembra arrestarsi, eccetto che per un insignificante squilibrio demografico causato dagli aborti selettivi. La rivista scientifica americana *Plos One* ha previsto che, entro il 2030, ci saranno 6,8 milioni di bambine in meno – o, meglio, 6,8 milioni di dannose inquinanti in meno.
Nel frattempo gli uomini, nella loro metà campo, se la sono cavata benone per millenni senza grandi sconvolgimenti, tranne le basette portate a fasi alterne.

Questi sono più o meno i fatti fino ai giorni nostri, riassunti da me che non sono né arguta, né ribelle, sicuramente non trendy, non possiedo la ricetta della felicità, non porto la minigonna perché è scomoda, ho sempre voluto scrivere ma non sono brava come le precedenti scrittrici citate e, alla fine, mi sono fatta fare fessa da un americano non ricco.
Non ricco, ma arguto e ribelle, non fanatico e bigotto come avevo pensato la prima volta che lo avevo visto.
E proprio con questo americano, che non giocava a *World of Warcraft*, non conosceva i mocassini ed era insopportabilmente ridicolo con le sue rose e la sua decina del rosario al polso, mi ero incontrata dopo aver inviato a Olivia Cuccurullis-Viccaris la ricerca sulla storia dell'emancipazione femminile, suggerendole di far stampare sulle magliette Rosie the Riveter con la scritta «Tu basti a te stessa!».
Io, di questo americano, mi ero perdutamente innamorata, e un po' mi dispiaceva, perché non sapeva fare la spesa e, ogni tanto, inizia-

va a parlare di Madonne e io non ci capivo niente, come quella sera di dicembre in cui lo avevo invitato a cena.
Lui si era gentilmente offerto di passare prima al supermercato, gli avevo detto: «stasera risotto al radicchio» e lui si è presentato con un cavolo rosso. Ok, mi aveva anche portato un mazzo di rose, ma quelle non vanno bene con il risotto (a meno che non sia la finale di *MasterChef*) e così, altro che cavoli amari, ho iniziato a mettere in discussione le fondamenta della relazione.
«Quindi tu non sai riconoscere la differenza tra un radicchio e un cavolo rosso? E io dovrei sposarti? Non m'interessa se hai cercato su Google Immagini. Non sai leggere le etichette, potresti uccidere tutti con il topicida. Ti prego di andartene, e riprenditi le rose, anzi no, sono belle e me le tengo per ricordo, ma perché sai scegliere le rose e non i radicchi?».
«Sono rose damascene, oggi è il giorno della Madonna di Guadalupe e volevo celebrarlo con te. Possiamo andare a cena fuori, oppure, se non mi cacci, provo io a cucinare questo cavolo e tu inizi a guardare l'ultima puntata de *Il trono di Spade* senza di me».
A me della Madonna di Guadalupe non importava un granché, ma l'idea di scoprire se finalmente Daenerys Targaryen, dopo centoventi anni, fosse giunta con i suoi draghi a Westeros, era di fondamentale importanza.
«Puoi rimanere, ma dovrai anche lavare i piatti».

E così, mentre l'odore di cavolo si propagava per la casa, il non-ancora-mio-marito mi raccontava la storia di Juan Diego e delle rose damascene che erano prodigiosamente sbocciate a dicembre in una desolata pietraia messicana.
«Un chiaro effetto del buco nell'ozono», gli avevo risposto distrattamente, fumando una sigaretta.
«Nel 1531?».
«Chissà quanti figli facevano nel 1531. Non sai che i figli inquinano? Proprio oggi ho fatto una ricerca. C'è da avere i brividi. Se non la

smettiamo di figliare, tra qualche anno moriremo tutti di sete e dovremo emigrare su Venere, il pianeta delle donne. Così non dovrò mai più lavare i piatti».
«Su Venere ti sconsiglio di andare, le piogge di acido solforico ti rovinerebbero le magliette».
«Adesso sei anche astronomo? Ma tu non dovresti credere che veniamo dal fango e dalle costole, sì insomma quelle robe lì?».
«La fede non è nemica della scienza».
«E quindi dove dovrei fuggire? Fammi indovinare, su Marte? Ma certo! Il pianeta machista, per ripopolarlo e fare la mammina sottomessa. No grazie».
«Non ti piacerebbe avere dei figli?».
«Ma che, sei matto? Non ho mai avuto l'istinto materno, e poi voglio continuare a viaggiare in santa pace e a farmi i fatti miei senza il peso di un lattante piagnucoloso e il giudizio della società».
«Io con te, invece, li farei di corsa».
Ma tanto non lo ascoltavo più, neanche quando avevamo iniziato a cenare e mi ripeteva di come l'immagine della Madonna si fosse impressa sulla tilma. Io pensavo a quanto fosse ingiusto che Cersei Lannister (occhio allo spoiler!) fosse salita al trono.
A fine puntata, Daenerys Targaryen non era giunta a Westeros e io avevo capito due cose: la vellutata di cavolo rosso, con mezzo litro di panna, non era poi tanto male, e il non-ancora-mio-marito era una massaia più brava di me.
Negli anni ho cambiato un po' di idee da quel 12 dicembre, e ho imparato altre due cose. La prima è che, in nessun caso, uomini e donne, soli, male o ben accompagnati che siano, con figli, senza figli, con coniuge, senza coniuge, possono bastare a se stessi. La seconda è che ci sono novantanove validi motivi per non avere fede, ma vale la pena vivere per quell'uno percento che ti cambia la vita, in meglio.

14.
NEL PAESE IN CUI SPERAVO DI INCONTRARE MITCH BUCHANNON HO INCONTRATO GESÙ

Secondo la legge n.113 del 29 gennaio 1992, per fare un albero ci vuole un bambino, per fare un bambino… beh, ormai dovreste saperlo che ci vuole.
L'obbligo, quasi sempre disatteso, per il Comune di residenza di porre a dimora un albero per ogni neonato, a me non interessava. I bambini non erano ecologici, punto.
Neanche i glitter erano ecologici ma, al contrario dei bambini, erano di moda, perciò io e gli altri Radical Chic amici del pianeta continuavamo incuranti e consapevoli a diffondere microplastiche, a farci i complimenti e le doppie punte arcobaleno.
Donne più coraggiose e più in gamba di me avevano combattuto perché io potessi votare, studiare, lavorare e vestirmi come volevo. A me cosa rimaneva? Occuparmi di quelle che, nel mondo, erano rimaste indietro? Di quelle che a casa nostra erano rimaste indietro?
Non m'interessavano (a meno che non potessero garantirmi un buon numero di visualizzazioni e un picco di share). In quei tempi ecosostenibili ero tutta concentrata su altri tipi di battaglie che coinvolgevano solo le donne nate bene, lottavo perché potessero sedere nei consigli di amministrazione, continuare a snobbare i comuni mortali e consigliare a noi poveracce letture "liberatorie" come *Cinquanta sfumature di grigio.* Quelle che non aspiravano a diventare CEO o Presidentessa dell'Impero Galattico per me non esistevano e, mentre continuavo a dire a tutte di ispirarsi a mogli-madri-imprenditrici-visual-artist-politicamente-impegnate con dieci balie al seguito e svariati denari (ma questo non lo scrivevo) pendevo dalle labbra botulinate delle Cosmo-manager di turno che, dall'alto

delle loro poltrone di ecodesign, parlavano della bellezza naturale garantita dai loro prodotti, della gioia della genitorialità dopo i quarant'anni, ma anche dell'importanza di fatturare: «Non c'è mica bisogno che siate lì quando mangia la prima carotina, quando fa il primo passettino, quando dice la prima parolina. Animo, ragazze! Mezz'ora al giorno con il vostro pupo basta e avanza». Vedevo le rare colleghe madri applaudire sorridendo ai discorsi di team building e poi guardare con gli occhi lucidi le foto dei figli di pochi mesi a casa con i nonni, la tata o al nido. Le guardavo retrocedere nella carriera, arrestarsi per fare spazio a quelli e quelle che figli non ne avevano e potevano permettersi di continuare a rispondere ai vocali alle tre di notte.

Io non avevo certo ricevuto una medaglia, anche se il mio lavoro aveva permesso ad altri e ad altre di fare carriera. In alcuni casi avevo addirittura evitato loro il licenziamento, e in cambio non avevo avuto promozioni ma la solita afosa, costosa, settimana di ferie a Ferragosto. Qualcuno è mai entrato in una redazione il giorno in cui bisogna assegnare le ferie? L'anticamera dell'Inferno è un gigantesco foglio Excel pieno di caselle rosse, dove una collega gentile ha scritto, senza avvisarti: «PRENOTATA».
Ma non mi andava di pensare male, io credevo nella solidarietà in rosa e ai motti dumasiani: tutte sorelle, tutte per una, una per tutte. Marciavo sotto il sole cocente, manifestavo per i diritti degli altri, ma quando è stato il mio turno mi sono accorta che nessuno era interessato ai miei di diritti. Ho capito di non contare nulla per la società proprio nel momento in cui sono diventata una di quelle madri inquinanti che prima compativo. Non ero nata bene e non ero pronta, come mi ripetevo sconsolata durante la gravidanza ma, nel momento in cui ho tenuto mia figlia tra le braccia, ho inteso cosa significasse "l'amore cambia le persone", la frase che avevo ripetuto mille volte ad altri, senza capirla.
Stavo iniziando a cambiare e non potevo più tornare indietro, forse

neanche volevo, anzi, proprio non volevo. Io, a dispetto di quello che dicevano le Presidentesse dell'Impero Galattico, quella prima carotina volevo vederla, quel passettino non volevo perdermelo, e la parolina? Volevo sentirla, ed ero sicura di averne anche il diritto. Perché non avevo mai lottato per questo? Avevo lottato perché i cuccioli di cane e gatto potessero rimanere con le loro madri fino a 90 giorni, avevo lottato perché le donne potessero partorire in ufficio e mandare i pupi al nido al secondo giorno di vita, avevo lottato perché tutte potessero aspirare a sedere nella metà dei posti in Parlamento, e solo ora mi rendevo conto che non era esattamente quello che tutte volevano.

Guardandomi intorno scoprivo il vuoto istituzionale: oltre i cinque mesi (quando si ha un contratto) bisogna affidarsi alla buona volontà e alla comprensione dei datori di lavoro; oltre gli undici (sempre che ci si possa permettere di vivere con il 30% dello stipendio) si rimane senza risorse e con al massimo un'aspettativa non retribuita della durata variabile. Qualcuna di quelle donne che avevo sempre sostenuto, intervistato e in alcuni casi votato, e che era seduta in Parlamento anche grazie al mio voto, aveva mai parlato di una donna come me? Di estendere la durata dei congedi parentali? Di incrementare gli aiuti alle famiglie?

Tra le tante battaglie Radical Chic, una donna qualsiasi che vuole accudire i figli restava e resta argomento imbarazzante. La realizzazione personale non è importante quanto il desiderio di maternità e io avevo faticato per spianare la strada a quelle che di me, nel momento del bisogno, se ne sarebbero fregate. La mia barchetta dell'emancipazione mi stava portando alla deriva così, da madre, ho capito perché la legge n.113 del 29 gennaio 1992 viene puntualmente ignorata, e lì fuori ci sono sempre meno alberi e sempre meno bambini.

Nel frattempo i genetisti dell'università della California a San Diego (UCSD) confrontando l'orologio epigenetico di alcuni animali con quello degli esseri umani, affermavano che sette settimane nei cani (ben al di sotto dei 90 giorni) corrispondono a nove mesi nell'essere umano, il tempo in cui spuntano i denti da latte sia nei cuccioli sia nei neonati. Ne consegue, seguendo gli stessi calcoli, che i 90 giorni di un cane, corrisponderebbero a circa 16 mesi di un essere umano. Ai cuccioli di cane è quindi giustamente concesso, per legge, di rimanere accanto alle proprie madri fino a, più o meno, quello che equivarrebbe a un anno e quattro mesi di vita. Alle madri umane e, soprattutto ai loro cuccioli, sono garantiti solo cinque mesi insieme, ma la Cosmo-manager adornata di monili in bachelite vi risponderà sempre, con il suo sorriso sbiancato, che è più importante la qualità che la quantità del tempo trascorso con i propri pargoli. La cara vecchia, amata scienza valida solo a giorni alterni e solo per i quadrupedi.

A parte mio marito e la mia famiglia, che m'incoraggiavano a fare quello che mi rendeva più felice, nessuno sembrava interessato al mio bisogno di stare con la mia bambina, né al bisogno della mia bambina di stare con me. Pur amando il mio lavoro avevo scelto di prendere una pausa, consapevole di essere fortunata (qualcuno direbbe, sbagliando termine, privilegiata) riscoprivo tra l'insonnia, gli sbalzi d'umore e girovita, il piacere di dedicare ai miei affetti più di mezz'ora al giorno.

Assaporavo dopo anni la felicità, un gusto che non ricordavo neanche più. Gli uomini non erano orribili come pensavo: mio marito si alternava più di me al fasciatoio, preparava da mangiare e rimaneva ore in piedi aspettando il ruttino. Non faceva, quindi, nulla più di quello che un uomo che meriti di chiamarsi padre dovrebbe fare. Anche lui, però, aveva dei difetti e saltavano sempre fuori la domenica.

Avete presente la sindrome di abbandono che vi assale quando a un personaggio di un film, in genere donna, un altro personaggio, in genere uomo, dice: «Scendo a prendere le sigarette», e voi che li state a guardare comodamente stravaccati sul vostro divano lo

sapete bene che lui non tornerà più?
Certo, i ruoli possono anche invertirsi (il beneficio delle pari opportunità), ma io ero la protagonista del film e del caso numero uno, e la frase non era: «Scendo a prendere le sigarette», ma: «Amore, vado a messa, ci vediamo tra un'ora».
Ogni volta, sentendo quella frase, andavo su tutte le furie. Avevo già tollerato la decina del rosario e i discorsi sulle Madonne, ma questo no e poi no, che un cattolico pretendesse di andare a confessarsi e seguire la messa la domenica era troppo. Sentivo gli echi dei Flintstones, dello yabadabadoo, di «Wilma, dammi la clava!» e puntualmente sbottavo.
«Ma non ti rendi conto di essere incredibilmente egoista?».
«È solo un'ora».
«Un'ora tolta alla tua famiglia».
«Scusami, tu non hai del tempo per te?».
«Certo, ho la manicure, gli aperitivi con le amiche, lo yoga, ma tutto in settimana, per me il week end è sacro».
«Per me la domenica è sacra, e tra messa e confessione passa solo un'ora».
«Tu sprechi ben un'ora del nostro tempo insieme per andare a sentire un vecchio che ti farà la predica e ti dirà di non fare cose che lui farà sicuramente di nascosto».
«Il prete è più giovane di noi ed è pure simpatico, perché non vieni a conoscerlo?»
«Non se ne parla! Ma perché non puoi fare come quei milioni di cattolici non praticanti? Pregano il santino di Sant'Antonio solo per giocare al Lotto, salvano lo spirito e non tolgono tempo alla famiglia».
«Scusa che cosa hai scritto nel tuo ultimo copione?».
«Non ricordo, è stato mesi fa».
«Hai scritto dei pericoli delle cure fai da te».
«Ah sì? E cosa c'entrerebbe questo con la messa della domenica?»
«Ci vediamo tra un'ora».

Controllavo arrabbiatissima l'orologio, mentre guardavo le repliche di *Baywatch.* Ero incappata per l'ennesima volta nella puntata che aveva colmato per anni il mio vuoto spirituale, quella in cui Caroline e C.J. credono che Stephanie si sia reincarnata in una cagnetta salutista che, come la defunta, non ama il gelato alla fragola, ma le gallette di riso low carb. La stessa puntata in cui Mitch salva Jay Leno dal soffocamento, insomma una puntatona e io ero felice di essere rimasta a casa a godermela, invece di andare a sentire inutili predicozzi. Come promesso, a un minuto dalla fine dell'episodio, mio marito aveva fatto ritorno e io non potevo rimproverargli di avermi tradita con Dio, cosa che in fondo un po' mi dispiaceva perché avrei voluto rinfacciargli di non aver cantato la sigla insieme e non aver potuto commentare con lui la scena in cui la cagnetta posseduta riciclava la plastica nel 1996 (poi uno dice che gli americani non sono avanti).

Ogni sette giorni la stessa storia, prima dei pasti una preghiera alla quale non partecipavo e le ricorrenze religiose che puntualmente ignoravo. Lo punzecchiavo spesso, tentando di metterlo in crisi con domande scomode e frecciatine sarcastiche alle quali rispondeva sempre con calma e rispetto. Il fatto che non fossi in alcun modo forzata a unirmi a lui non mi irritava neanche più, piano piano iniziavo ad ammirare la sua devozione, a invidiare la sua fede incrollabile. Come poteva la persona più intelligente, buona, acculturata e dolce che avessi mai conosciuto essere uno dei retrogradi cattolici e superstiziosi Flintstones? Quella con il cornetto collaudato nel portafogli, però, ero io e anche gli altri Radical Chic non scherzavano in quanto ad amuleti. Ci avevo riflettuto senza trovare una risposta.

Il mio programma domenicale stava per subire un radicale cambio di palinsesti, era arrivato il momento di emigrare per un po', non su Venere, né su Marte, ma nei ben più inquinati Stati Uniti, dove le cagnette non riciclavano affatto la plastica come in *Baywatch* e gli umani ancora meno. Mi ero trasferita nel Paese in cui speravo di incontrare Mitch Buchannon e, invece, ho incontrato Gesù (dai, a questo punto del libro una battuta del genere potete anche concedermela). Ma com'è successo? Non è emerso dalle acque e non gli ho chiesto l'autografo, e per arrivare a lui dobbiamo partire da una marmotta di nome Phil.

Conoscete il film *Ricomincio da capo*? In inglese si chiama *Groundhog Day*, tradotto letteralmente: «Il giorno della marmotta». Parla di una tradizione tutta americana che ricorre il 2 febbraio, la Candelora e festa della luce. Nella cittadina di Punxsutawney in Pennsylvania, si attende ogni anno che Phil la marmotta esca dalla sua tana per predire sei settimane d'inverno o il precoce arrivo della primavera. Ed è in questo giorno che l'arrogante, burbero, spocchioso e superficiale giornalista Phil Connors (Bill Murray) rimane intrappolato come in un eterno ritorno nicciano che lo spinge alla depressione e a tentare più volte il suicidio. A discapito della mia sinossi approssimativa *Ricomincio da capo* è una commedia di successo e, negli anni, è diventata un piccolo grande cult. Da buona Radical Chic cinefila io a Punxsutawney volevo andare a tutti i costi così, una volta esauriti i tour delle riproduzioni di tutti i villaggi dei Padri Pellegrini possibili e immaginabili, avevo convinto mio marito ad accompagnarmici. Lungo la strada aveva fatto una deviazione, davanti a una piccola chiesa dedicata alla Madonna di Lourdes, la Madonna del rosario che aveva inaugurato tutta la serie di sfortunati eventi che mi avevano portata a rinnegare la mia fede. Se da una parte il ricordo di quel rosario mi turbava, dall'altro ricordavo anche la gioia con la quale mia nonna me lo aveva regalato e quel pensiero aveva fatto la differenza.

«Non te la prendere, è giorno di confessioni, faccio presto, aspettami qui», mi aveva detto già mettendo in conto la mia reazione. Eppure qualcosa quel giorno era diverso, qualcosa dentro di me era diverso e, invece di mandarlo a quel paese, lo avevo sorpreso rispondendogli: «Ti accompagno».

In quante case, in quante città ho vissuto? Anni e anni trascorsi accanto alle chiese più belle del mondo senza mai riuscire a vedere, in loro, più di una lista di luoghi d'arte e attrazioni turistiche. Non avevo fatto una preghiera neanche in San Luigi dei Francesi, dove più di una volta ero rimasta incantata a guardare la *Vocazione di San Matteo* di Caravaggio e ora mi ritrovavo inginocchiata a pregare in questa chiesetta piccolina, modesta, sperduta, spoglia, priva di opere d'arte e finezze architettoniche. Chi ero io? L'uomo tutto concentrato su se stesso, quello che conta i soldi e non si accorge della luce che squarcia il buio, o quello che dice: «Proprio io? Stai dicendo a me?».
È stato come guardarsi dall'alto e riconoscersi in un puntino infinitesimale, un puntino che annaspava sulla sua piccola barchetta, arenata non in un mare in bonaccia, ma in un deserto arido e vuoto, pieno di angoscia e disperazione. Venivo dilaniata da un dolore atroce, un pentimento, un rimorso per le mie azioni e omissioni passate. Quante volte la luce mi aveva attraversata e io avevo abbassato gli occhi, voltandomi dall'altra parte? Adesso percepivo il baccano, lo sforzo, gli spasimi degli ingranaggi arrugginiti che ripartivano dopo vent'anni e, allo stesso tempo, un abbraccio di misericordia, una consolazione, una speranza mai provate, la certezza di non essere sola a vagare nel mondo, ma custodita da una forza superiore, da un amore che «move il sole e l'altre stelle».
Era quello il peccato originale? Non poter funzionare senza di Te? Occorre farsi piccoli, umili, infinitesimali per riuscire a vedere la luce che ci attraversa perché, in ogni momento, la superbia può rigettarci nelle tenebre. Per questo Cristo ci fa paura, perché chiede alla nostra vita di trasformarsi e io non potevo più essere la stessa, ossessionata dai primi posti e dall'approvazione degli altri.
Papa Francesco, in un discorso tenuto a Cuba nel 2015, ha descritto la *Vocazione di San Matteo* con queste parole: «Il Signore si fermò, non passò oltre frettolosamente, lo guardò senza fretta, lo guardò in pace. Lo guardò con occhi di misericordia; lo guardò come nes-

suno lo aveva guardato prima. E quello sguardo aprì il suo cuore, lo rese libero, lo guarì, gli diede una speranza, una nuova vita».
Questo è quello che è successo a me quel giorno, non ho visto Santi o Madonne, né sentito una voce, se non quella del mio cuore. Ho pregato, ho pianto e ho creduto.
Dopo la confessione, ho chiesto a mio marito di ritornare a casa, non mi interessavano più le previsioni di Phil la marmotta, nel mio cuore era germogliato un piccolo fiore e la primavera era ormai alle porte.

15.
GLI AMMUTINATI DEL BOUNTY

«Tu potrai mangiare di tutti gli alberi del giardino, ma dell'albero della conoscenza del bene e del male non devi mangiare, perché, quando tu ne mangiassi, certamente moriresti» (Genesi 2,16-17).

Il sonno della ragione genera mostri, è vero. La prima cosa di cui mi sono riappropriata dopo la conversione è stato il pensiero, che non è una prerogativa dei filosofi atei o dei ricercatori del MIT, ma un dono di Dio, il primo e il più grande. Nonostante le lauree e le lodi, ne avevo fatto a meno per un bel po' e, quando mi sono ridestata dal torpore, dal lungo e terribile sogno in cui ero imprigionata, mi sono chiesta come fosse possibile perdere il pensiero, perdere se stessi, eppure si può, perché nel pressapochismo, come diceva Pavel Florenskij, si può perdere tutta la vita.

Ho iniziato così a ragionare, a ricordare e ho capito che le risposte alle mie angosce non stavano nell'oroscopo di Brezsny, nei biscotti cinesi o nelle sedute di reiki, e nemmeno nel Kundalini Yoga o nell'approvazione degli altri. Ho dovuto imparare a guardare allo specchio la nuova me, accettare i miei limiti, le mie fragilità, ho voluto fidarmi e affidarmi, allenare la disciplina che, insieme al pensiero (e alla misericordia, e alla pazienza, e all'amore), è indispensabile per mettere in pratica la propria fede, che (ricordiamolo) non è un'entità astratta ma quotidianità, fatica, dolore, esempio e, nonostante tutto, gioia.

Facile da scrivere, difficile da vivere.

Perdersi è un attimo, lì fuori è pieno di barchette solitarie arenate nel deserto spacciate per lussuosi transatlantici e, dato che ciascuno di noi è padrone della propria barchetta, è libero di scegliere e seguire la rotta che più gli piace, talmente libero da potersi anche permettere di buttare a mare la propria guida perché, in fondo, a chi piace la disciplina? A chi piace la fatica? A chi piace il dolore? Ci sono tante cose a questo mondo che accadono senza un perché, tante domande, e io non sono certo qui a darvi le risposte, ma posso raccontarvi un'ultima piccola storia, di quelle ambientate nei mari del Sud che piacevano tanto ai Radical Chic. Questa storia, che risale al 1789, più dell'*Odissea*, più di *Moby Dick*, più di qualsiasi altra accidentata avventura marinaresca, riassume il senso dello smarrimento, del perdere la rotta, la guida, la ragione, il pensiero.

Mentre l'Europa si preparava a fronteggiare le tante rivoluzioni che l'avrebbero attraversata, a cominciare da quella francese, anche l'Oceano Pacifico ospitava la sua piccola rivoluzione, capitanata da Fletcher Christian, un secondo ufficiale di buona famiglia, stimato membro della marina britannica. Fletcher Christian non era un brutale sovversivo, forse era meno affascinante di Marlon Brando o Clark Gable, gli attori che lo hanno interpretato in film di successo ma, prima dell'aprile di quell'anno, era stato descritto come un impeccabile ed esperto uomo di mare. Era stato compagno di scuola del celebre poeta William Wordsworth e, sulle navi, aveva fatto carriera anche grazie alla raccomandazione di William Bligh, comandante del Bounty, il vascello mercantile protagonista della nostra storia.
Il viaggio del Bounty era iniziato nel dicembre del 1787 nei pressi dell'isola di Wight, nel sud dell'Inghilterra, luogo dal quale era salpato circa un anno e mezzo prima degli eventi che lo hanno reso celebre. La missione di Blight non era delle più semplici, bisognava compiere l'impresa delle imprese, ovvero doppiare Capo Horn, raggiungere l'isola di Tahiti, recuperare lì i frutti dell'albero del pane, ridoppiare Capo Horn, trasportare i frutti negli avamposti britannici dei Caraibi, ottenere lì il permesso per sciogliere i contratti di tutti gli uomini a bordo e ripartire per la madrepatria. Giunto a Capo Horn, il Bounty è costretto ad arrestarsi un mese in

mare aperto per il maltempo. A Blight non resta che scegliere a malincuore la rotta più lunga, non quella che passa per il Sud America, ma quella che passa per il Sud Africa, dal Capo di Buona Speranza. All'altezza della Nuova Zelanda vengono avvistate delle nuove isole, chiamate da Blight "isole Bounty" in onore del vascello e, finalmente, dopo quasi un anno e con a bordo quarantaquattro uomini stremati stipati in meno di trenta metri di nave, il Bounty arriva in ritardo a Tahiti dove l'equipaggio sbarca e attende per cinque mesi che l'albero del pane dia nuovi frutti.
Da qui in poi il resoconto degli accadimenti comincia a essere discordante. Pare che a Tahiti il comandante Blight si fosse tramutato in uno spietato tiranno, ma noi amanti di scienza non cerchiamo la tesi più suggestiva, quella facilmente accolta dalle novelle e dai film, ma quella più accreditata dalle ricerche storiografiche, e le ricerche e gli studi ci dicono che il comandante Blight, in quei tempi, non era un comandante peggiore di altri.
La ragione dell'ammutinamento, avvenuto poco dopo la partenza del Bounty da Tahiti, non era la severità del comandante Blight, ma il fatto che sedici uomini, tra i più inesperti, volessero far ritorno dalle belle tahitiane e ai piaceri di una vita all'apparenza priva di disciplina, fatica e regole.
Il 28 aprile 1789, Fletcher Christian comanda l'ammutinamento, prendendo la guida della nave e costringendo Blight e il resto dell'equipaggio, rimasto a lui fedele, a compiere una miracolosa traversata di due mesi per mettersi in salvo su un'unica scialuppa.
Gli euforici ammutinati invertono la rotta del Bounty facendo il loro felice ritorno a Tahiti, ma la gioia dura poco. Sanno di essere dei fuorilegge destinati all'impiccagione. Devono scappare e radunano un piccolo gruppo di uomini, donne e bambini. Dopo un lungo e complesso girovagare, eleggono a loro terra promessa la sperduta isola di Pitcairn, dove danno alle fiamme il Bounty, dicendo addio a ogni speranza di poter lasciare quel luogo in futuro.
Le storie romanzate si fermerebbero qui, chiudendo con lo scroscio

delle onde che si infrangono sugli scogli di un'isola paradisiaca, e gli ammutinati che coltivano l'illusione di poter dar vita a una nuova e benevola società anarchica.
In realtà il seguito, il destino degli abitanti di Pitcairn e dei loro discendenti, è stato tutt'altro che paradisiaco, ma un susseguirsi di orrori, omicidi, suicidi e tragedie.
I tahitiani, prima considerati indigeni amici, erano stati crudelmente schiavizzati dagli ammutinati e dopo scontri, lotte, morti e addirittura la creazione di un drink allucinogeno che aveva reso folli alcuni dei marinai, a Pitcairn era rimasto un unico uomo, John Adams.
Solo, lontano da casa e persino dalla sua lingua, John Adams, un ex galeotto, aveva scelto, tra tutti i libri salvati dal Bounty, di iniziare a leggere la *Bibbia*, che ancora oggi è esposta nell'unica chiesa di Pitcairn ed è il simbolo del francobollo dell'isola.
Solitudine, consolazione o necessità di una guida?
Adams diventa un uomo nuovo, inizia a dedicare la sua vita agli altri. Negli anni salva e dà rifugio a diversi naufraghi e la sua conversione (nonché la prospettiva di ottenere una colonia nel mezzo del Pacifico) convince la Corona Britannica a non perseguitare più gli ammutinati, o meglio, quello che resta dei loro eredi.

La storia di Pitcairn non è certo un esempio di cristianità e tutt'oggi l'isola, per le sue vicissitudini, è causa di dilemmi etico-morali nei quali il Regno Unito, da cui dipende, preferisce non impelagarsi.
A me della storia degli ammutinati del Bounty non interessa la ribellione verso il comandante, la marina inglese o la Corona, non mi interessa la libidine o l'amore o qualsiasi altra cosa li abbia spinti a rintanarsi su un'isola deserta, né quello che è venuto dopo. Mi interessa, piuttosto, il deserto che ha scoperto di avere dentro quel singolo uomo rimasto lì solo, che aveva creduto, insieme ai suoi compagni, di poter eleggere a suprema norma di vita i suoi criteri, le sue regole, e le conseguenze sono state schiavitù, morte, pazzia,

sofferenza.
Ed ecco che la piccola Pitcairn diviene il mondo, dove ognuno ha la pretesa di dettare legge per se stesso, dove si scambia il bene con il male e il male con il bene, e dove si pensa di poter colmare il vuoto con il libertinaggio, una bevuta o qualsiasi cosa ci arrogheremo il diritto di dire che è perfetta per noi. In questo mondo che crede che l'Io sia Dio, e che, come diceva G. K. Chesterton, ha la presunzione di soddisfare i piaceri dell'anima, mi trovo vicina John Adams, l'ammutinato pentito che, alla fine, ha capito che la libertà non è libertinaggio, ma scegliere di fare il bene pur potendo fare il male. A volte me lo immagino in una delle grotte di Pitcairn, dove trovava riparo durante le tante sommosse sull'isola, me lo immagino sentire i suoi compagni cadere uno a uno, mi immagino il suo orgoglio che muore, mi immagino i suoi rimorsi, le sue paure, la disperazione di chi è ormai privo di speranza. Infine me lo immagino uscire da quella grotta trasformato, piccolo, umile, nuovo.
Chissà se anche lui aveva udito un filo di silenzio sonoro, la brezza leggera di Elia, quella voce che è nel segreto, che non si impone eppure chiede di essere ascoltata, la si sente solo se la si va a cercare, ed è qui proprio ora accanto a voi. Spegnete il rumore, chiudete gli occhi e andatela a cercare.

RINGRAZIAMENTI

Ho atteso questo momento per mesi, m'immaginavo già lì davanti allo specchio, a provare un discorso catartico e infinito con la mia confezione riciclabile di shampoo in mano e gli occhi lucidi. Proprio sul più bello il direttore editoriale, che non so come fa ma ha sempre ragione, mi ha riportata con i piedi a terra, ricordandomi che non siamo agli Oscar, devo essere quindi breve, sobria e concisa.

Così eccovi un bel discorsetto in versione *reduced fat*, portate pazienza e sorbitevi questo elenco di splendide personcine, circostanze e cibi che hanno reso possibile *Confessioni di una Radical Chic pentita*, a loro va il mio grazie.

Giuseppe e Anita, ovvero i Mienmiuaif, la famiglia più bella che ho incontrato quest'anno. Berica Editrice e la collana UOMOVIVO, i cui libri sono dei piccoli tesori di stile e ricercatezza che fanno bene al cuore. Alice, una grafica eccezionale. I bravi insegnanti, tra loro ci sono i miei genitori, i primi e i migliori insegnanti che potessi desiderare. Mia sorella, zia innamorata, saggia ed elegante dispensatrice di consigli su vita, scarpe, accessori, viaggi e ristoranti. I bravi ragazzi (non quelli di Scorsese) come Lorenzo. Le preghiere di Belkys, le benedizioni di Juan Carlos e le torte di Maria Veronica. Mio marito, perché dietro una neomamma, lontana da casa e aspirante "scrittora" c'è sempre un premuroso papà/coniuge/supporter che a tempo pieno carica lavatrici, ti dice che sei bellissima, bravissima, intelligentissima, magrissima e cucina pappette al cavolo rosso. Mia figlia che quelle pappette se l'è mangiate. Quelli che non ci sono, ma ci sono. Gli affetti vecchi e nuovi. Il mio angelo custode, per tutti gli straordinari che ha fatto, spero di poterli ripagare con gli interessi.

Infine un grazie alle donne e agli uomini (voi sapete chi siete) instancabili, intelligenti, divertenti, talentuosi compagni e amici di una vita, alcuni sottopagati, altri sfruttati, molti precari, che rimangono nell'ombra e non colgono mai gli applausi. Alle scrittrici e agli scrittori che scrivono senza rabbia. Doris Lessing, capelli bianchi e sano scetticismo, Costanza Miriano, cuore d'oro e bicipiti d'acciaio, Paul Valery che diceva «Se pensi come la maggioranza, il tuo pensiero diventa superfluo», e il superfluo, come testimonia questo libro, è meglio lasciarlo ai Radical Chic.

UOMOVIVO

Umorismo, vita di coppia, Dio

BERICA EDITRICE

Prodotto da Bericaeditrice srl - www.bericaeditrice.it
A cura di Giuseppe Signorin - mienmiuaif.wordpress.com
Progetto Grafico Berica Editrice
Finito di stampare nel mese di marzo 2021
Tipografia Global Print S.r.l.